Besuch bei Angela

GEWIDMET

Allen „OSSI-FRAUEN" zwischen Kap Arcona und Oberwiesenthal, von Frankfurt/Oder, Halle/Saale, Neuzelle, Weimar, Ilmenau bis Dresden, zwischen Oder und Elbe.

Dieter Bub
Rudolf Gustavsson

Besuch bei Angela

Bibliografische Information der Deutschen Nationalbibliothek:
Die Deutsche Nationalbibliothek verzeichnet diese
Publikation in der Deutschen Nationalbibliografie;
detaillierte bibliografische Daten sind im Internet
über http://dnb.dnb.de abrufbar.

Titelbild und Layout: Elisabeth Baum

Herstellung und Verlag: BoD – Books on Demand,
Norderstedt

ISBN: 9783748141228

ANGELA MERKEL AKTUELL - STAND JANUAR 2019

Das Magazin Forbes wählt Angela Merkel wieder an die Spitze. Sie ist: „Die mächtigste Frau der Welt".

01.12.2018
Flug zum Treffen der G20 Staaten in Buenos Aires – Eine Reise mit Hindernissen.
Getrennte Gespräche mit Putin und Trump zur Ukraine-Krise. Einfluss auf das Schlussdokument.

02.12.2018
Wegen verspätetem Abflug ein ungewöhnlicher Spaziergang durch die Altstadt von Buenos Aires. Besuch eines Restaurants. Ovationen auf der Straße. Sie wird gefeiert wie ein Popstar.

05.12.2018
Teilnahme an der Beerdigung von Georg Bush, der gemeinsam mit Gorbatschow und Helmut Kohl die Einheit Deutschlands ermöglicht hat.

07.12.2018
Die Entscheidung über die Nachfolge im Vorsitz der CDU. Gewinnerin ist Annegret Kramp-Karrenbauer mit dem Kürzel AKK gegen den Millionär und Finanzspekulanten Friedrich Merz.

08.12.2018
Die Harvard Universität kündigt einen Vortrag Merkels für 2019 mit einem emotionalen Video zu ihrer Biografie an. Sie wird wie eine Erlöserin und Legende dargestellt.

09.12.2018
Angela Merkel reist als einzige Regierungschefin zur Unterzeichnung des UN-Migrationspakts nach Marokko.

13.12.2018
Angela Merkel in Brüssel. Zum Streit um den Brexit in London erklärt sie: Das Ergebnis der Verhandlungen mit der EU wird nicht verändert.

31.12.2018:
In ihrer Neujahrsansprache fordert Angela Merkel zu einem Neuanfang auf und gibt offen Fehler im Jahr 2018 zu.

05.01.2019:
Angela Merkel macht das Thema Kohleausstieg zur Chefsache.

06.01.2019
Merkel erklärt das Thema Kohleausstieg zur Chefsache.

BESUCH BEI ANGELA

Diese Erzählung ist eine deutsche Biografie, die sich auch, aber nicht ausschließlich, am Leben von Bundeskanzlerin Angela Merkel orientiert. Ihr Leben war und ist bis heute ein Spiegelbild deutscher Geschichte. Das Land zwischen Rügen und Erzgebirge war die Heimat von Millionen aus dem Osten, in dem sie sich eingerichtet hatten.
Mit dem Fall der Mauer und der Einheit gerieten sie in einen Umbruch. Herausgefordert mussten sie sich in der anderen Gesellschaft des real existierenden Kapitalismus neu orientieren. Es war und ist kein zu Hause sondern ein ständiger Weg von neuer Anpassung.

Angela O., wie sie in dieser Geschichte genannt wird, verbrachte das politische Kunststück des Starts in einem ihr unbekannten Land. Als Frau in der von Männern dominierten Gesellschaft. Dabei lehrte sie die westdeutsch orientierten alten Politikgranden das Fürchten, wurde zur Regierungschefin und, wie viele bis heute glauben, zur mächtigsten Frau der Welt.

Auf diesem steilen Weg nach oben ließ sie ihre Vergangenheit zurück. Sie erkannte die Chance

wie Hunderttausende, die ebenfalls an eine neue Zukunft in diesem neuen Deutschland glaubten.
Trotzdem begegnen wir in dieser Erzählung Frauen und Männern, die ihr gerade in der Heimat zunehmend die Gefolgschaft verweigern.

Seit sie 2015 die Grenzen für Flüchtlinge öffnete wird sie für die Masseneinwanderung von Fremden, erst aus den Kriegsgebieten Irak, Afghanistan und Syrien und die nachfolgenden Muslime aus allen arabischen Staaten und aus Afrika, verantwortlich gemacht. Sie ist zum Feindbild geworden. Bei Demonstrationen der Rechten eskaliert die Ablehnung und wird zum blankem Hass.

Sie kann nicht ahnen wie sehr das Flüchtlingsthema sie in ihrem Ferienhaus in der Uckermark beschäftigen soll.
Dort bekommt sie in unserer Geschichte unerwartet Besuch.

Die Erzählung ist fiktional. Sie ist ernst und burlesk. Eine Geschichte über vier Tage von Ende April bis zum 1. Mai, die weit von Berlin in der Uckermark spielt.
Der Ort der Handlung wurde kartografisch verändert. Die Retusche bezieht sich auf die Entfernung von der Datsche zum See, die bewusst angenähert worden ist.

Diese Geschichte könnte sich in ähnlicher Form überall ereignen, weniger spektakulär als in unserem ungewöhnlichen Fall.

Es klingelt an der Tür. Draußen ein unerwarteter Besuch. Es sind keine Freunde, keine Bekannten, keine Angehörigen. Es sind Fremde.

Ich bin sicher, solche Überraschungen hat es gegeben.
Ist die Bitte um Einlass erfüllt worden oder war es schroffe Abweisung?
Gerne wird auf viele Fälle erfolgreicher Integration verwiesen.
Doch das Verhältnis zwischen Flüchtlingen, die neu hierher kommen und uns, hat sich verändert.
Es ist geprägt von Furcht, Misstrauen und Agression.
Gut- und Wutbürger stehen einander gegenüber.
Statt Willkommen die Abschottung.

Das Haus am See in dieser Geschichte ist mit dem Original nicht identisch. Es gibt dafür keine Ortsangabe. Bei dieser optischen Korrektur sind Ablauf und Inhalt der Handlung gleich geblieben.
In der Geschichte agieren Personen, die frei erfunden sind – der Adlatus Wagner und zwei Gestalten, Rosenkranz und Güldenstern aus Shakespeares Hamlet.

Angela O. könnte bei allen Unterschieden als eine Zwillingsschwester oder Doppelgängerin verstanden werden.

Für den Erzähler gibt es Parallelen zu vielen deutsch-deutschen Lebensgeschichten im Zwischenraum von zwei Teilen, die einmal zwei Staaten waren. Sie finden sich auch bei ihm selbst.

DER ERSTE TAG: ZEIT DER RUHE

Selbst heute, am 28. April, drei Tage bis zum ersten Mai, gilt es nicht als sicher, ob Angela O. kommen wird, auch wenn das lange Wochenende im Kalender als „frei" markiert ist. Das bedeutete vier Tage Entspannung für die Chefin.
Vielleicht.
Alles kann sich kurzfristig ändern, wie immer, wie seit Jahrzehnten. Wagner erfährt als erster, wann sie eintreffen wird, mit dem Wagen, eine Stunde von Schloss Meseberg entfernt.
Das Team im Haus am See trifft die letzten Vorbereitungen.

Der Mariannensee liegt still, unberührt, ohne die Geräusche von Motor- und Ruderbooten, die vor langer Zeit schon andernorts hin versetzt worden sind. Auf dem Wasser sind Enten unterwegs, die sich mehrmals am Tag dem Bootssteg nähern, von Männern der Kontrollmannschaft, Wagner und der Servicetruppe mit Brotresten gefüttert. In solchen Minuten stehen die Menschen versonnen, blicken über das Wasser wie auch Angela O., die entspannt wirkt, so wie wenige sie kennen.
Es sind Erinnerungen an ihre Kindheit und Jugend. Sie war vier, als sie begann den See zu erkunden, erlebte dann wie der Vater mit ihr auf dem Arm ins Wasser ging. Ein Jahr später konnte sie

schwimmen. Der See gehörte ihr und ihrer Familie fast ganz allein. Unter den Dorfbewohnern gab es nur zwei Frauen, die sich, jetzt betagt, an sie als kleines Mädchen erinnern. Die Männer im Dorf, Bauern und Landarbeiter bei der LPG, scheuten den See, empfanden die Fortbewegung im Wasser als unnütz.

Für Angela war $H2O$ ihr Element, Erfrischung von 14 bis zu 23 Grad in heißen Jahren. In den Monaten zwischen April und Oktober war die Datsche am See für sie, ihre Geschwister und Eltern Ferienort und Sommerfrische, ein Stück Heimat wie die Kleinstadt, in der sie aufwuchs, nur vierzig Kilometer entfernt.

Ein beschaulicher Ort mit Fachwerkhäusern und Kopfsteinpflaster, über das die Lastwagen holperten und die wenigen stinkigen Zweitakter stockerten.

Das ursprünglich kleine Haus am See mit vier Zimmern, Küche, Ofenheizung und einem Plumpsklo draußen über den Hof stammte aus den zwanziger Jahren des vergangenen Jahrhundert, erbaut von deutschen Einwanderern. Nach dem Ende des ersten Weltkrieges und der Neuordnung Europas, auch für Polen, hatten sie die Wahl zu bleiben oder sich im heutigen Brandenburg eine neue Existenz aufzubauen. Sie bekamen ein Stück Land zur Nutzung übereignet. Das Haus war im Laufe der Zeit mit Innentoilette und Bad modernisiert worden. Von Verwandten und Freunden im Westen erreichten sie nicht nur die üblichen Päckchen und Pakete mit dem Sortiment von Kaffee, Tee, Schokolade, Seifen, Cremes und auch Kleidung, die sonst nur teuer in Exquisitläden der DDR angeboten wurden. Sie brachten aus Anlass von Besuchen dazu Nützliches für Haus und Hof mit, Wasserhähne, eine Pumpe, Waschbecken, Elektrosägen und Bohrer.

SCHLOSS MESEBERG: STAATSBESUCH

Der Vormittag war für Angela O. an diesem Donnerstag Abschluss einer strapaziösen Woche. Sie hatte Viktor Orban zur Unterredung mit anschließendem Mittagessen nach Meseberg eingeladen. Das Schloss schien ihr der angemessene Ort für einen unangenehmen Termin. Sie hoffte, das herrschaftliche Ambiente könnte den Besucher beeindrucken und ein wenig milde stimmen. Während sie den überwiegenden Teil der Staatsbesuche in Berlin absolvierte – Könige, Rassisten, Betrüger jeder Form begrüßte und überstand – gab es Ausnahmen, die für Wladimir Putin und auch Orban galten. Sie ahnte, auch in diesem Fall, war es der Trugschluss.
Die Aussichten für Zugeständnisse in der harten Haltung Ungarns in der Europäischen Union

waren gering.

Orban hatte sich selbst von der Androhung von Sanktionen Brüssels nicht beeindrucken lassen. Die Umgestaltung des Landes war von ihm mit aller Konsequenz umgesetzt worden. Zunächst mit dem Bau von einem unüberwindbaren Stacheldraht-Bollwerk entlang der Grenze, der Internierung von Flüchtlingen, der Einschränkung der Pressefreiheit und der Ausweisung unbequemer kritischer Ausländer. Orban gehörte zu einer neuen Clique von Staatsführern in Osteuropa, die alte Regeln ausser Kraft setzten. Der Pole Duda zählt zu dieser Riege. Er war es, der eigenmächtig bisherige Juristen in den Ruhestand versetzte und durch neue ersetzen ließ. Auch er scherte sich bisher nicht um Drohungen aus Brüssel. Dass diese Entscheidung erst einmal rückgängig gemacht werden musste, wurde als kurzfristige Störung betrachtet.

Durch Osteuropa geht ein Rechtsruck, bei dem Oppositionelle drangsaliert, Minderheiten wie Sinti und Roma schikaniert und misshandelt werden, die Medien mit der Schließung von Zeitungen, Radio- und TV-Stationen auf Linie gebracht werden.

Orbans Besuch in Meseberg war nicht in einer kühlen, er war in eisiger Atmosphäre verlaufen. Für diplomatische Verhältnisse feindselig. Es hatte trotz ihrer Freundlichkeit gerade einmal zu einem

Lächeln beim Toast auf die vielen Gemeinsamkeiten zwischen Deutschland und Ungarn gereicht. Der versöhnliche Abschluss waren Lob und Dank für die Auseise von DDR-Flüchtlingen, die über Prag und Budapest in die Bundesepublik reisen durften.

Vor der Presse bestand Angela O. unbeirrt, wie überall und bei jeder Gelegenheit, auf einer europäischen Lösung zur Verteilung der Flüchtlinge, die von Ungarn, strikt zurückgewiesen worden war. Ungarn habe seinen Beitrag geleistet. Es gäbe bei ihm keine unerwünschten Personen mehr.

INFORMATIONEN AUF DEM WEG

Vom Schloss starten zwei schwere gepanzerte Limousinen, voraus der Wagen von Angela O. dahinter die Security. Ob und wie die Route zuvor kontrolliert wird, ist nicht bekannt.
Sie kennt den Weg, kaum ein Blick aus ihrem stählern-gläsernen Kokon. Sie prüft die neuen Nachrichten mit Prognosen der Meinungsforschungsinstitute, nach den Streitereien mit den Bayern noch immer düster.
Sie hört von den neuen Vorschlägen der großen Automobilhersteller, die mit Umtausch – Lockangeboten – weiter Kasse machen wollen, denkt kurz

an das Schicksal der ehemaligen Konzernbosse, von denen der eine sich seit Monaten bereits in Haft befindet und der andere der Lüge überführt worden ist. Winterkorn und Stadler, mit denen sie nicht nur einmal im Kanzleramt in vertrauter Runde zusammengesessen hat.

Im Deutschlandfunk verfolgt sie ein Interview mit dem früheren Außenminister Gabriel, der an ein Wiedererstarken der SPD glaubt und zur Fortsetzung der großen Koalition ermuntert. Seinen selbst verschuldeten und erzwungenen Abschied hat sie bedauert. Er war kantig und beliebt, kein Vergleich mit dem blassen Nachfolger, der ohne Ausstrahlung bleibt.

Von Meseberg zum Haus am See geht es auf der B96 bis Löwenberg, danach östlich vorbei an Schloss Liebenwalde, nach 1949 der Residenz des ersten DDR-Ministerpräsidenten Wilhelm Pieck, später von Armeegeneral Hoffmann, heute einem First-Class-Hotel, anschließend über Zerpenschleuse und Groß Schönebeck bis Milmersdorf, Götschendorf, vorbei am Russisch-Orthodoxen Kloster, danach nur ein kurzes Stück.
Schloss Meseberg war bis zum Ende der DDR vielseitig genutzt worden, als Kindergarten, Konsum, Gaststätte und Wohnhaus. Danach stand es zum Teil leer und verfiel zusehends.

Erst in der Regentschaft von Helmut Kohl investierte die Messerschmitt-Stiftung den Umbau zum repräsentativen Luxusanwesen der Bundesregierung.

In Neuhardenberg engagierte sich die Deutsche Sparkassenstiftung. Mit Schinkelkirche und Lene-Park gilt der Ort als bedeutendes Kulturzentrum in Brandenburg.

Ein eigenartiges Kapitel aus der DDR-Geschichte: Neuhardenberg war als Station des Luftwaffengeschwaders Hermann Matern zur Verteidigung der Westgrenze in Marxwalde umbenannt worden.

Die Offiziere von damals hatten die Plattenbauten nach 1990 verlassen. Wenige von ihnen waren von der Bundeswehr übernommen worden. Einige nutzten Umschulungsangebote.

Andere fanden schlecht bezahlte Jobs im Security-Bereich als Disqualifizierung.

In Liebenberg kaufte sich die DKB-Bank ein. Das Schloss wurde zum Hotel.

In den vergangenen Jahrzehnten waren Schlösser und Herrenhäuser im Osten von alten Besitzern und neuen Eigentümern renoviert und zu Hotels ausgebaut worden. Andere gehörten zu landwirtschaftlichen Großbetrieben und Waldflächen.

Oder sie wurden zu Luxusimmobilien vermögender Wessis.

Ein Beispiel:

Wenige Kilometer von Meseberg entfernt residiert die Familie der Schnapsbrenner Hardenberg aus Schleswig-Holstein auf Schloss Hoppenrade, die es für 4,5 Millionen Euro von einem Vorbesitzer erwarb und luxuriös umbaute.

Angela O. hat kurze Zeit nach dem Start ihr Handy auf stumm gestellt und von ihrem Fahrer auch die zweite Verbindung im Wagen ausschalten lassen. Am Steuer Jürgen Voigt, der sie seit fünfzehn Jahren fährt, sicher, zuverlässig, freundlich, dabei nicht devot, ein Vertrauter, „ein Mann von hier", wie sie gerne sagt.

Die Personalien des heute Sechsundvierzigjährigen waren 2004 penibel überprüft worden. Nach der Erweiterten Oberschule hatte er in Rostock einen Abschluss als Schiffsbau-Ingenieur absolviert, einen Beruf, den er mit der Werftenpleite nicht ausüben konnte. In seiner Akte fanden sich keine Hinweise, schon auf Grund seines Alters, keine Hinweise auf die Stasi. Er konnte bei seinem Schulfreund Klaus anheuern, der sich mit einer unabhängigen Autowerkstatt selbstständig gemacht hatte. Sie spezialisierten sich auf Oldtimer, die sie, vergessen, verstaubt, verrostet, in Scheunen entdeckten und zu Spottpreisen erwarben, flott restauriert, ein lukratives Geschäft.

Ferien und Wochenenden verbringen die Voigts in

der vierten Generation auf dem Darß in Prerow, genauer auf dem Abschnitt K, seit den fünfziger Jahren Treffpunkt der Nackten, unter ihnen Schauspieler, Regisseure, Schriftsteller, viele hübsche junge Frauen.

Angela O. hört gerne zu, wenn Voigt von dieser „kleinen Freiheit" am Strand der Ostsee erzählt, von einem unbeschwerten Leben mit Suchscheinwerfern und Patroillenbooten der Grenztruppen der NVA vor der Küste.

FKK war Anfang der fünfziger Jahre bei den prüden Genossen verpönt, ehe Johannes R. Becher, der Autor der DDR-Hymne, sich dafür einsetzte.

Die Voigts gehörten zu den ersten, die ein großes Zelt in den Dünen aufschlugen, mit Blick auf das Meer, in der Ferne das dänische Bornholm, bis heute ihr Platz.

Die Alten, wie Papa Schulze, Helga und Pamela, mittlerweile über achtzig, sind vor sechzig Jahren gekommen und geblieben.

Sie schwärmen von „Kamerunfesten", Hippie-Parties mit Basträcken, Kopfschmuck aus Strandhafer und bunten Bändern, wilden Tänzen zu verpönter amerikanischer Musik, ungehemmter Liebe. Dazu Gespräche ohne Hemmungen, frei von der Leber weg, trotz Lauschern unter den Zuhörern. Wer hier angekommen war, wollte bleiben, trotz Einschränkungen in einem repressiven System.

Prerow war legendär, ein Traumziel.

Jürgen Voigt kennt die wilden Zeiten aus den Erzählungen der Alten.

Die vierte Generation im Block K. lebt ordentlich, Teil einer neuen bürgerlichen Gesellschaft, deren Eltern und Großeltern die Nischen der DDR zu nutzen gewusst hatten.

Angela O. hat die Biografie von Jürgen Voigt und dessen Familie aus Erzählungen miterlebt.

Die Öffnung von Mauer und Grenze war zum Segen für die Familie geworden.

Die Voigts bewohnten eine große alte Villa mit dreitausend Quadratmetern direkt am Fluss Richtung Warnemünde.

Den Schwiegereltern gehörte ein großes Grundstück mit dem verkommenen Gebäude eines alten Schlachthofes, Bauland, das ein Vermögen wert war.

Noch verharren wir in unserer Geschichte und warten auf die Ankunft von Angela O.

So bleibt uns Zeit, das Personal im Haus und auf dem Grundstück am See vorzustellen.

DAS TEAM IM HAUS AM SEE

Früher, vor der Zeit, als es die DDR noch gab, hatten das Serviceteam der Chefin normale Berufe von Werktätigen in der Gesellschaft.

Elke, war Verkäuferin im Konsum, danach kurze Zeit arbeitslos, bevor das alte Geschäft von Netto übernommen wurde.

Yvonne fütterte in einer LPG Schweine. Als der Betrieb von einem holländischen Investor übernommen wurde, waren 180 Leute ohne Arbeit. Yvonne verdingte sich bei den ersten Westdeutschen, die alte Guts- und Bauernhäuser aufkauften. Sie bekam Aufträge, putzte, mähte zusammen mit ihrem Mann Mike den Rasen, war immer zur Stelle.

Mike konnte, was in der DDR viele konnten, alles. Damals fehlte es an Handwerkern und Material, selbst ein Sack Zement war Mangelware. Gab es keine Ersatzteile, wurde nach Gebrauchtware gefahndet, Improvisation war selbstverständlich. Mikes Fähigkeiten waren Zuhause und bei Nachbarn gefragt. Er konnte mauern, verputzen, Holz bearbeiten, Elektroleitungen verlegen, Dachrinnen reparieren und Abflussrohre freilegen.

Mit der Wahl von Angela O. zur Regierungschefin, wurden die drei dauerhaft als Team mit Vertrag engagiert. Zuvor überprüft und schriftlich zu Stillschweigen verpflichtet, standen sie Tag und Nacht auf Abruf bereit. Ein ordentlich bezahlter Traumjob.

Die Chefin galt als weltweit wichtigste Frau. Sie

war ständig unterwegs, eine Krisen-Managerin zwischen Washington und Moskau, deren Eloquenz gefragt war und noch immer erwünscht ist. Dazwischen sind die Turbulenzen unter den Streithähnen und Streithühnern ihrer Koalition zu beseitigen. So bleiben ihr im Monat wenige Tage zur Entspannung am See.

Neben dem Service-Trio gibt es als Manager Wagner, der offiziell den Überblick hat, Besorgungen erledigt und auch delegiert.

WAGNER – DER MANN VON FRÜHER

Angela O. kennt Wagner aus ihrer Schulzeit an der EOS, der Erweiterten Oberschule.
Er war als Lehrer für Marxismus-Leninismus erklärter Anhänger der Idee des Sozialismus in diesem Staat, nach sowjetischem Vorbild, die es mit allen Konsequenzen umzusetzen galt. Dazu gehörte es Kritiker, Oppositionelle, Klassenfeinde ausfindig zu machen. Eine Aufgabe, der Wagner mit Enthusiasmus nachging.

Er war einer von vielen tausenden Denunzianten, Zuträgern, Schnüfflern, Helfern, auch an seiner Schule, in der die junge Garde geschaffen werden sollte.

Abweichlern und Aufwieglern, verweigerte er nicht nur Studiengenehmigungen sondern sorgte für Entmündigung von Eltern und für die Einweisung renitenter Schüler ins sozialistische Erziehungslager von Torgau. Hörte er von geplanten Fluchtversuchen, meldete er sie der Staatssicherheit mit der Folge von Festnahmen und Verurteilungen. Die Details wurden erst später aus den Stasi-Unterlagen bekannt.

Angela O. erreichte auf dem Gebiet der Staatsbürgerkunde nur mittelmäßige Ergebnisse. In allen anderen Fächern erzielte sie Bestnoten. Sie galt als Musterschülerin, zurückhaltend und zielstrebig. Wagner war es, der ihr dafür die Lessing-Medaille verlieh.

Mit dem Ende seines sozialistischen Staates, Mauerfall und Einheit, brach Wagners Welt zusammen. Er wurde entlassen, wütete gegen das neue System und seine Repräsentanten. Er beschimpfte die Überläufer, schrie, pöbelte auf Versammlungen gegen die Verräter, warf die Stände der neuen Parteien für Wahlen um und landete in der Psychiatrie.

Nach vier Jahren als resozialisiert entlassen, nahm seine einstige Musterschülerin ihn als Faktotum auf.

Ein schrulliger kluger Alter, der zwischendurch Goethe, Schiller, Lessing, Möricke, Ringelnatz, Rilke, Marx, rezitiert und nebenbei seiner alten Eigenart der Denunziation weiter nachgeht und auch Angela O. berichtet, was er hört. Ein Tor, vor dem sich die einen hüten, für die anderen ein nützlicher Zuträger. Dabei durchgeknallt, ein Mann mit Unterhaltungswert, der nicht sonderlich ernst genommen wird.

TURBULENZEN UND ALARMZEICHEN

Die vergangenen Tage und Wochen hatten für ungewöhnlich viele, zum Teil unangenehme Überraschungen gesorgt.

So hatte der junge Ministerpräsident im Norden von einer möglichen Koalition seiner Partei mit den Linken geschwätzt. Die unbedachte Äußerung war von ihr schnell aus der Welt geschafft worden. Die größten Probleme waren nach wie vor die Störungen des Bayern, der als Parteichef in München und Innenminister in Berlin für Turbulenzen in der Koalition gesorgt hatte.

Unvergessen, dass er sie bei einer Rede in München wie ein dummes Mädchen unbeachtet hatte am Rand stehen lassen.

Von ihm war keine Gelegenheit ausgelassen worden, sie für die Flüchtlingsflut nach Deutschland verantwortlich zu machen. Die Landtagswahlen waren mit krachenden Niederlagen verloren gegangen. Angela O. hatte den Verzicht auf den Parteivorsitz angekündigt.

Es folgten der Skandal um den Präsidenten des Verfassungsschutzes, der sich selbst mit falschen Behauptungen in Misskredit gebracht hatte, entlassen werden musste, als ein Getreuer des Ministers zunächst sogar befördert werden sollte. Nach Protesten von allen Seiten hatte er am Ende selbst seinen Job verloren und landete im einstweiligen Ruhestand.

Angela O. übernahm die Verantwortung auch für die Niederlagen und schlechten Wahlergebnisse.

Danach folgte die Rangelei um ihre Nachfolge mit unterschiedlichen Konzepten, vorgestellt in Regionalkonferenzen.

Das Ergebnis verlief zugunsten ihrer Favoritin.

Es war Erleichterung und Ermunterung, ein Ansporn weiter zu kämpfen. Sie fühlt sich in der Pflicht, denn es brennt an allen Ecken und Enden in Berlin, im Europäischen Haus, zwischen Israel und den Palästinensern, im Ukrainekonflikt und durch die unberechenbaren Twitterkapriolen des amerikanischen Präsidenten.

Es reicht schon, wenn sich Zuhause Parteien ineinander verrannt haben. Sofort wird nach ihr wie nach einer Wunderheilerin mit der Kunst ihrer Diplomatie gerufen.

ROSENKRANZ UND GÜLDENSTERN

Bisher noch nicht in diesem Bericht genannt sind zwei unsichtbare Beobachter des Geschehens, Rosenkranz und Güldenstern. Sie, die beiden Wittenberger Freunde Hamlets, die sich gegenüber dem Dänenkönig ins Wort fielen und eher verwirrten als Berater waren, haben sich mit den ihnen von Shakespeare zugedachten Rollen nicht abgefunden.

Die beiden stiegen als unsichtbare Begleiter und Beobachter ins Leben der Menschen ein. wie andere auch: Simplicius Simplicissimus, Faust, der Prinz von Homburg, Michael Kohlhaas.

Später erfährt dieses Phänomen der Annäherung bis zur Identifizierung mit nicht real handelnden Personen eine Fortsetzung in Kino und Fernsehen.

So können wir Güldenstern und Rosenkranz unbekümmert in Vergangenheit, Gegenwart und Zukunft folgen.

Seit Ende der Hamlet Tragödie irren ihre Seelen unsterblich durch die Weltgeschichte. Dabei lehnen sie jedes Angebot zur Mitwirkung ab.

Sie sind Voyeure beim Fortgang der Geschichte, die voranschreitet ohne nennenswerte Veränderung.

Dänemark, als das glücklichste und langweiligste

Land des Kontinents gepriesen, spielt dabei längst keine Rolle mehr.

Heute gibt es dort eine unbedeutende Königin, deren bemerkenswerteste Eigenschaft ihr Nikotin Konsum ist. Wo sie geht und steht qualmt es aus ihr.

Hierher, in dieses skurrile Deutschland, haben sich Güldenstern und Rosenkranz zu Vergnügen, Entspannung und aus Neugier begeben, interessiert an der mächtigsten Frau der Welt, die auch Zuhause genug um die Ohren hat.

Zuvor sind die beiden ruhelos seit Jahrhunderten herumgegeistert.

So waren sie im Schloss Sanssouci, beobachteten Friedrich den Großen beim Flötenspiel, hörten, wie er französisch mit Voltaire parlierte. Sie staunten über die Potenz August des Starken, der Frauen engros auswählte und in seine Gemächer befahl, sie erlebten die Fahrt von Marie Antoinette zum Schafott, standen bei Napoleon im Zelt, waren im Kreml bei Stalin und in Downing Street bei Churchill.

Hitler und die dunklen deutschen Jahre mieden sie. Danach faszinierte sie das dreiviertel Jahrhundert der deutschen Geschichte vom Ende des zweiten Weltkrieges bis in die Gegenwart.

VORBEREITUNGEN – DER COUNTDOWN LÄUFT

Im Haus am See werden die letzten Vorbereitungen für die Ankunft von Angela O. getroffen. Mike steht auf der Leiter. Er hat vergessen eine Glühbirne auszuwechseln, seine Frau Yvonne hatte ihn daran erinnert und für seine Vergesslichkeit gescholten. Die Frauen hantieren noch einmal mit Staubsauger und Wischlappen.

Wagner kommt in den großen Wohnraum.
Die drei halten inne.
Elke fragt ihn, was es gäbe.
Er antwortet, sie, die Chefin, sei gerade in Meseberg losgefahren.

Die drei und Wagner stehen in dieser Konstellation auf zwei Seiten.
Er spielt sich auf. Sie verachten ihn als einen, der durch seinen alten Job als Denunziant bis heute geprägt ist.
Es sind alte Dialoge in Variationen.

Yvonne bemerkt Wagner, ruft:
Waas? Was is?
Wagner:
Sie sind gestartet.
In einer Stunde sind sie da, spätestens.

Elke zurück:

Is jut. Wissen wir.

Wir schaffen das.

Wagner wendet sich um, verschwindet nach hinten.

Elke mit spitzer Zunge, kommentiert den Auftritt zu Yvonne gewandt:

Der kleine Wichtigtuer.

Yvonne:

Der Spinner, war zu lange allene. Muss immer den Chef spielen.

Elke:

Isser ja och, gewissermaßen. Heute isser gut beieinander, redet er wenigstens kenen Stuss.

Elke:

Wissen tuter ja ville – aber irr dir da ma nich.

Nu hofft er, das wir was erzähln von den Leuten.

Yvonne:

Na und lassen doch, soller quatschen.

Yvonne wendet sich zu Mike:

Nu mach schon. Wann bistn fertich?

Hätteste schon früher erledigen können.

Mike:

Wir habens nicht überprüft. Beim letzten mal war es heller Tag.

Is in Ordnung. Probier mal.

Yvonne schaltet ein und aus.

Mike:

Na also. Jeht doch.

Yvonne:
Vielleicht sollten mal alle Leitungen kontrolliert werden. Is ja nie was gemacht worden, nachdem die Mutter raus ist.

Mike:
Na warum auch?

Yvonne:
Weil sie es ist.

Mike:
Drüben, im Arbeitsraum, isses vor Jahren eingerichtet worden. Och im Gästehaus. Nur hier is alles so jeblieben.

Elke:
Die braucht det doch jarnich. Die tippt ja allet in ihr Smartphone. Oder se telefoniert. Oder redet über die Vidjo- Konferenz.

Yvonne:
Vielleicht werdens ja ruhige Tage, wa.

Mike:
Am 1. Mai war ja auch in den vergangenen Jahren nischt los.

Yvonne:
Klar. Is ja keen Kampftag der Arbeeterklasse mehr, keen Zwang zum demonstrieren. Jetzt grillen mir alle. Vielleicht will sie och.

Elke:
Is allet da. Hab jestern im Straußenhof Würstchen besorcht, och für sie. Denne noch im Jut Temmen Stracke un allet andere bei „Na un Jut". Denn hatt-

se och noch Lammkoteletts in der Truhe.
Mike:
Kann ja nischt schiefjehn.
Hier draußen isse ja locker un entspannt.

DAMALS: UNBESCHWERTE ZEITEN

Die Leute im Ort und in der Umgebung erzählen sich gerne Geschichten von früher. Gar nicht so lange her, da ging Angela O. selbst einkaufen, alleine, ohne Begleitung, fuhr mit dem Wagen nach Temmen und Milmersdorf, holte bei einer Nachbarin Eier und bei einer anderen mal eine Reh- oder Wildschweinkeule, wenn der Mann, der Aufseher für das Revier eines Pächters, erfolgreich von der Jagd zurückgekehrt war.
Sie plauderte ein wenig, sassen auch öfter beim Rotwein zusammen. Die Neuen waren angenehm, nicht so eingebildet wie manche von den Hochnasen, die sich für besonders klug hielten und nichts von Land und Leuten wussten, blauäugige Klugscheißer.
Kommt sie mit dem Wagen aus Berlin gibt es zwei Stops, einmal bei Edeka danach ein Stück entfernt beim Bäcker.

Den Alten im Dorf, heute siebzig und achtzig, war Angela, die Kleine mit ihren Geschwistern, seit

Kindertagen vertraut.

Die drei vom Personal und Angela O. haben auch bereits ein Vierteljahrhundert miteinander verbracht. Dabei erlebten sie die Häutungen ihrer Chefin, kommentierten sie untereinander. Es gab vieles was ihnen nicht gefiel und was sie nicht verstanden. Sie meinten Angela O., eine von hier, habe sich zu wenig für den Osten engagiert.

Wichtigstes Thema seit langem sind die stets aktuellen Meldungen über Zwischenfälle mit den Fremden und den Flüchtlingen.

DIE GROSSE ANGST: FLÜCHTLINGE UND ASYLANTEN

Yvonne:
Un nachdemse das jetzt jesacht hat.
Elke:
Die glaubt immer noch dran.
Du meenst ihr „Wir schaffen das".
Yvonne:
Och wennse das jetzt janz anders meent.
Sie hat doch jesacht, det se bereut, dat jesacht zu haben.
Un sicher wese längst, dat det ihr größter Fehler war, einfach die Grenzen uffzumachen un die alle reinzulassn. Jetz sinse hier. Un jetzt willse so ville wie möglich loswern.

Elke:
Och wennse sowas sacht, det die verschwinden solln, dass die so schnell wie möglich abjeschoben wern, was heest det schon?

Yvonne:
Warum nich gleich, warum sinse denn hierherjekomm? Est is ja nich überall Krieg Jetze sollnse zurück, da nach Afghanistan, in Irak un nach Syrien.

Elke:
Aber ja nich alle. Dien Antrach stellen und den jenehmicht bekomm die bleibn. Oder rufn nachm Anwalt.

Un das sinn Hunderttausende. Immer mehr. Seitdem sie die Grenze jeöffnet hat. Un nu komm noch mal um die Zwanzichtausend. Die andern nehm keene uff. Nur wir sind die Blöden.

Yvonne:
Und da haste keene Ahnung, wer das is. Unter denen sin die, die sich einjeschmuggelt ham. Die wartn nur bisse zuschlagn, Kriminelle IS-Fanatiker, wie der mit dem LKW an der Jedächtniskirche, die junge Fraun umbringn un verjewaltigen, die mit Messern auf andre losjehn auf der Straße, inner Bahn, nu zündense Obdachlose an. Unter denen sin selbst Kinder, die Bombn baun. Hör blos uff.

Elke:
Un wie ville sind illegal hier, unterjetaucht, Attentäter, Mörder und Verjewaltiger. Det wird immer schlimmer. Un denn sachense wir dürfen die nich

unter Jeneralverdacht stelln. Wat heesten det?

Yvonne:

Un die könnse nich zurückschickn? Stattdessn loofen unsere Polzisten mit Kalaschnikows durch die Jejend, bewachn Bahnhöfe, Flughäfen, Stadien und globn da passiert nischt?

Elke:

Hamer ja in Berlin am Breitscheidplatz erlebt. Der Typ war seit langem bekannt, wurde überwacht, sojar vom Verfassungsschutz.

Wagner erscheint, steht in der Tür, hört zu.

Yvonne:

Na Wagner, willste zuhörn? Kannste. Wir ham ja die Freiheit. Auch wenn das nischt hilft. Erzähls ihr ruhich weiter. Die wees doch Bescheid. Un denkt, det wir das schon akzeptiern wern.

Elke:

Ne, die wees nur heute nich wasse jestern jement hat.

Yvonne:

Da irrste dir, die wees det un lässt sich immer Neues einfalln.

Mike ist inzwischen von der Leiter gestiegen.

Weilse dazu jezwung wird. Von den andern, die allet dicht jemacht haben, alle Grenzen, Stacheldraht und Mauern jezogen un uff emal: Schluss wars.

Elke:

Is doch scho besser jewordn, mit den Bayern, die

machen wat, schicken ihre Leute an die Grenze.
Elke:
Auch weilse bei uns protestiert ham, die Pegidas.
Yvonne:
Von dens heißt, das sein alle Nazis.
Elke:
Quatsch. Klar gibt's die, aber doch nich alle. Nur weil viele Leute Demonstrantn sin, wern se Pack un Jesindel jenannt.
Yvonne:
Aber neue Nazis sin och. Lass sein. Is Jut. Redn mer besser nich drüber.
Sach ma, meenste die Chefin kommt morjen bei dir vorbei? Is schließlich dein Sechzichster.
Mike:
Det glob ich nich. Wennse will, klar, kannse komm.
Yvonne:
Zu deinem Fuffzichsten warse och da.
Mike:
Mir ham aber och andere Zeitn seitdem.

ERHOLUNG FERN DER STADT

Der See glitzert, von flirrenden Silberpunkten gesprenkelt. Angela O. wirkt ruhig, versonnen, als meditiere sie, als sei sie weit entfernt von allem, von heftigen, nein stürmischen politischen Turbulenzen, die wirbelig das Weltgeschehen zerzausen.

Sie hat in ihrem Kopf einen Schalter auf Ruhe umgelegt.

Die Termine auf dem minutiös eingetakteten Kalender, nach ihrer Rückkehr ins Amt, sind beiseite geschoben, in eine andere Zeit.

Heute will sie bei Yvonne und Mike vorbeischauen. Mike feiert an diesem 30. seinen 60. Geburtstag.

Neben einem üppigen Strauß aus ihrem Berliner Blumengeschäft hat sie zwei Fotobände von Robert Paris und Harald Hauswald aus und über die DDR bereit gelegt.

Es sind Bilder aus entschwundenen Städten und Landschaften, Charme und Tristesse, in der man sich eingerichtet hatte, schwarz-weiß Fotografien aus dem Alltag.

Sie zeigen Bäuerinnen am Feldrain bei der Mittagspause, Jugendliche auf dem Weg nach Berlin, Punks, Rockkonzerte mit Pankow, Urlauber an der Ostsee, Ausflüge im Spreewald, Kneipengeselligkeit und Datschengemütlichkeit.

ROSENKRANZ UND GÜLDENSTERN: DIE ZEITENSTREUNER

Keiner unter den Literaturgeistern wird so sehr von Unruhe und Neugier getrieben wie Rosenkranz und Güldenstern. Dabei spielen Orte und Zeiten keine Rolle, ob Wochen, Monate, Jahre.

Sie sind sich einig, wenn sie einen Wechsel vornehmen wollen, wenn die Geschichten irgendwo steckenbleiben oder aus purer Langeweile.

Wird es dagegen spannend, berichten sie aufgeregt in der Hoffnung, gehört zu werden, wie seit Shakespeares Zeiten in wechselnden Verkleidungen auf den Bühnen der Welt.

Gefragt, warum sie sich ausgerechnet in Deutschland so lange aufgehalten haben und bis heute geblieben sind, reden sie munter drauflos, ergänzen sich, erklären die deutschen Phänomene, in Ost und West. Eine Kurzgeschichte der Trennung.

Güldenstern:
Gleich nach dem Krieg, alles lag in Schutt und Asche, kamen die Russen, die Amis, die Tommys und die Franzosen.

Güldenstern:
Also die vier Siegermächte haben das Land aufgeteilt. Ein Land in vier Zonen und schließlich in zwei Welten.

Rosenkranz:
Im Osten die Russen, im Westen die Amis.

Güldenstern:
Im Osten montieren die Russen ab was nicht niet- und nagelfest ist: Eisenbahnschienen, Waggons.

Rosenkranz:
Im Westen sehen die Amis mit dem Wiederaufbau den Markt der Zukunft und investieren mit dem

Marschallplan.

Güldenstern:

Im Osten verdächtigen die Russen junge Männer als Werwölfe und Erwachsene als alte Nazis. Tausende landen in Workuta.

Rosenkranz:

Im Westen werden Altnazis rehabilitiert, wie Globke von Adenauer, danach wird einer von ihnen, Kiesinger, Bundeskanzler.

Güldenstern:

Im Osten übernimmt Walter Ulbricht das stalinistische

System, nennt es Arbeiter- und Bauernstaat, eine Diktatur des Proletariats. Viele tausend Verdächtige werden verhaftet, verurteilt landen in den Gefängnissen von Waldheim, Bautzen, Halle und Hoheneck. Todesurteile werden vollstreckt.

Rosenkranz:

Im Westen, der neuen Bundesrepublik, floriert die Wirtschaft.

Güldenstern:

Im Osten, der DDR, protestieren die Arbeiter in Berlin, Leuna und andernorts gegen Normerhöhungen. Der 17. Juni wird mit den Panzern der Roten Armee beendet. Tote und Massenverhaftungen. Rosenkranz:

Im Westen das Wirtschaftswunder unter Erhard.

Güldenstern:

Im Osten bemüht sich Honecker als Nachfolger

Ulbrichts um Aufschwung mit größerem Warenangebot. Dazu wird die DDR international salonfähig. Honecker reist nach Österreich und Japan.
Rosenkranz:
Im Westen sorgt Willy Brandt für Annäherung und durch Reiseerleichterungen für mehr Kontakte.
Güldenstern:
Danach die großen schnellen Veränderungen. Mit der Wirtschaft im Osten geht's bergab. Unzufriedenheit macht sich breit. Immer mehr wollen in den Westen. Dann die Montagsdemonstrationen von Hunderttausenden. Die Mauer fällt, die Grenzen werden geöffnet. Rosenkranz:
Der dicke Kohl handelt mit Gorbatschow. Die Einheit kommt.
Güldenstern:
Und damit beginnt Angelas Geschichte.

DEUTSCHLANDREISE INS HEUTE UND GESTERN

Rosenkranz und Güldenstern waren in diesen deutschen Zeiten auf beiden deutschen Seiten viel unterwegs.

Sie waren in Rhöndorf bei Adenauer Zuhause, mit Ulbricht beim Tischtennis, später in Wandlitz beim Essen mit Margot und Erich Honecker. Sie begleiteten den passionierten Jäger Honecker zusammen mit Stasi- Chef Mielke auf der Jagd in der Schorfheide und am Wollitzsee.

In Oggersheim ließen sie sich bei Hannelore und Helmut Kohl blicken, auch beim Saumagenessen in Deidesheim.

Sie schauten bei Loki und Helmut Schmidt im Hamburger Reihenhaus vorbei, wie sie dort gutbürgerliche deutsche Idylle zelebrierten.

Heute sind Rosenkranz und Güldenstern am See bei Angela. Mit ihren hellseherischen Gaben wissen sie, was sich ereignen wird.

Gefragt können sie die Biografie mit vielen Details und geschmückt mit Zitaten vortragen.

ROSENKRANZ UND GÜLDENSTERN: DER BEGINN DER GESCHICHTE

Rosenkranz:
Bevor wir über das ungewöhnliche Geschehen hier berichten, wollen wir aus Angela O.´s Leben erzählen.

Güldenstern
Hier, an diesem Ort, auf dem Land, verlebte sie eine unbeschwerte Kindheit.

Rosenkranz:
Aus einem Land der Überwacher und Spitzel,

eingemauert und eingezäunt, abgeschieden und
verarmt.
Güldenstern:
Jetzt übertreibst du aber, es war nicht alles schlecht.
Rosenkranz:
Ja doch. Es war nicht alles schlecht und vieles sogar
gut, insgesamt.
Güldenstern:
Eng und provinziell und gemütlich.
Rosenkranz:
Dem stimme ich zu. Hier wurde gelebt, geliebt, ge-
feiert, geheiratet, wie im Schwarzwald, in Franken,
Friesland etcetera.
Rosenkranz:
Mit dem Unterschied, hier ist die Ucker-
mark, in der einmal die von Arnims in
ihren Herrenhäusern residierten, Landadel.
Güldenstern:
In der Uckermark wächst sie auf, behütet, umsorgt,
Tochter eines Pfarrers, der aus dem Westen kommt
und an den Sieg des real existierenden Sozialismus
mit menschlichem Antlitz in Harmonie mit der
Kirche glaubt, in der Kleinstadt am See.
Rosenkranz:
In dieser nun fernen Zeit von einem halben Jahr-
hundert, in ihrer Kindheit und Jugend gab es kein
Telefon, ein Ost- und ein verbotenes Westfern-
sehprogramm, kein Internet, keine Handys, keine
Elektroautos, keine Hubschrauber.

Güldenstern:
Der neue Staat im Osten, die DDR, sollte seine
Bürger in eine sozialistische Zukunft führen.
Zunächst hieß es: Baut auf! Jahre der Schufterei.
Schlechte Versorgung mit Mangelwirtschaft.
Rosenkranz:
Drüben das Wirtschaftswunder. Verwandte aus
dem Westen kamen zu Besuch. Die Kofferräume
ihrer Autos gefüllt mit Geschenken.
Erzählungen von Rentnern, die reisen durften.
Güldenstern:
Bunte schillernde Welt. Die große Verlockung.
Schlaraffenland. Irdisches Paradies. Aussichten
in die neue Welt mit Werbung, Katalogen. Das
schwarzbunte Kontrasprogramm.
Rosenkranz:
Mit dem Ende der DDR die große Erwartung.
Güldenstern:
Stattdessen der Einfall der Eroberer, ein Heer von
Glücksrittern und Profiteuren. Der sanktionierte
Betrug durch die Treuhand.
Rosenkranz:
Enteignung, Übernahme, Abriss von Betrieben,
Entlassungen, Millionenfache Arbeitslosigkeit,
Vertreibung in die Armut, Verlust von Würde.
Rosenkranz:
Deine Miesmacherei! Schau dich um, Güldenstern!
Nach über einem Vierteljahrhundert blühende
Landschaften, frische Luft, sauberes Wasser, Sa-

nierung der Städte, Reisen in alle Welt, Du kannst sagen was du willst. Und du vergisst die Freiheit.

Güldenstern:

Darüber hat der alte Oberpastor aus Rostock gepredigt. Erst Pfarrer, wurde er Chef der Stasi-Unterlagenbehörde und schließlich ein Präsident, der die Errungenschaften der neuen deutschen Welt anpries und Bemerkungen zum Raubzug durch der West Ivasoren vermied.

Rosenkranz:

Freiheit. Sie bedeutet Leuten wie Yvonne, Elke und Mike bis heute nichts. Sie bleiben bei ihrer Ablehnung, fühlen sich als Menschen zweiter Klasse, selbst wenn es ihnen gut geht.

Rosenkranz:

Sie interessieren sich weder für Reisefreiheit, Meinungsfreiheit, Redefreiheit, Gedankenfreiheit und nutzen sie dennoch. Bis zum Ende der DDR war Kritik an Staat und Gesellschaft geahndet worden. Das große Schweigen, bis Mitte der siebziger Jahre die Unzufriedenheit immer weiter anwuchs und nicht mehr beherrrschbar wurde.

Die Folgen der Forderungen nach D-Mark, Freiheit und Einheit hatten sich Millionen Ostdeutsche anders vorgestellt. Unter ihnen auch Yvonne, Elke und Mike. Erst verloren sie ihre Jobs. Danach waren sie Hartzer und Ein-Euro-Jobber in den Gemeinden, die Voraussetzung für Sozialleistungen, mit denen die Verlierer über die Runden kamen.

Anschließend waren sie bei den Bouletten, den Wessis aus der Hauptstadt und erledigten bei den neuen Herren in den Ferienhäusern die Drecksarbeit. Die Bezahlung gerne auf die Hand.

ROSENKRANZ UND GÜLDENSTERN: MIT HALSTUCH UND BLAUHEMD

Güldenstern:
Erinnern wir uns an die Biografie der Angela O., an ein Leben unter außergewöhnlichen Bedingungen. Ihr Vater war Pastor in einer Klinik für psychisch Kranke, ein für sie normales Areal, von ihren Mitschülern gemieden.

In der Schule erstklassig, von den Eltern gefördert, von alten Lehrern noch heute gelobt.
Rosenkranz:
Schon früh mausert sie sich und zum ersten mal gelingt der Spagat zwischen Kirche und Staat.
Sie wird konfirmiert. Als Gegenleistung knotet sie sich das blaue Halstuch der Jungen Pioniere um, unterzieht sich nicht dem Ritual der Jugendweihe.
Güldenstern:
So wie es sich für ein Schulkind gehörte, brav bei Demonstrationen:
„Seid bereit, Immer bereit" und zu Besuch in Pionierrepubliken.

Rosenkranz:

Im Namen der neuen Herren im Politbüro, unter der Leitung der Oberlehrerin Margot Honecker tritt sie ein in den Verein der Jungen Garde des Kommunismus, trägt das Blauhemd der FDJ, der Freien Deutschen Jugend.

Güldenstern:

Angela weiß wie es geht, gestaltet Wandzeitungen mit Parolen gegen den Imperialismus, für die unverbrüchliche Freundschaft mit dem Brudervolk, für Solidarität mit Castro, Allende, Che Guevara, Arafat, Nyejere, Lumumba, Hoh Tschi Minh, mit den sozialistischen Brudervölkern, mit Nicaragua, Kuba, Tansania, Vietnam.

Güldenstern:

Angela O. beteiligt sich an Aufmärschen, wird Sekretärin, die funktioniert. Angepasst und eingepasst. Immer ein Ziel vor den Augen.

Rosenkranz:

Sie besitzt Instinkt, erkennt das Nützliche, alles geht seinen sozialistischen Gang.

Güldenstern:

Der Eintritt in die Universität. Vorbildliches Verhalten. Erstklassige Leistungen. Eine Spitzenstudentin. Konzentriert auf den Erfolg.

Rosenkranz:

Bestnoten. Hoch qualifiziert. Der Titel ihr Diplomarbeit: „Der Einfluss der räumlichen Korrelation auf die Reaktionsgeschwindigkeit bei bimoleku-

laren Elementarreaktionen in dichten Medien."
Ergebnis: „Sehr gut".
Rosenkranz:
Muss ich nicht verstehen. Wäre das auch was für
Wagners Faust?
Güldenstern:
Heute vielleicht. Auch ihre Doktorarbeit: „Untersuchung des Mechanismus von Zerfallsreaktionen mit einfachem Bindungsbruch und Berechnung ihrer Geschwindigkeitskonstanten auf der Grundlage quantenchemischer und statistischer Methoden."
Rosenkranz:
Wieder Bestnote.
Im Kontrast dazu: ihre Kenntnisse zu Marxismus-Leninismus über sozialistische Lebensweise reichen nur für genügend.
Güldenstern:
Bei Wikipedia steht wie und wo sie sozialistisches Leben praktiziert:
In der Akademie der Wissenschaften in Berlin wird sie für die FDJ Kulturreferentin, zuständig für Agitation und Propaganda.
Rosenkranz:
Das soll zusammenpassen? Es muss sich um einen Irrtum handeln. Ich wiederhole in dieser Erzählung meine Frage nach einer Doppelgängerin oder Zwillingsschwester?
Güldenstern:
Sie oder die andere – erklärt sich bereits früh für

die „soziale Marktwirtschaft im Westen" interessiert zu haben.

Rosenkranz:

Mehr noch, ihr seien die Mitglieder des Westkabinetts der einzelnen Regierungen in der BRD bekannt gewesen und schließlich nennt sie Reiner Kunze ihren Lieblingsschriftsteller. Den Autor der Wunderbaren Jahre habe sie einmal getroffen, offenbar bevor er kritisiert, seine Arbeit verboten wurde und ihm nur die Aussiedlung in den Westen übrig blieb. Ist das die FDJ- Funktionärin für Agitation und Propaganda?

Der Zusammenklang zwischen Kirche und Staat misslingt zunächst. Als sie sich an der Hochschule in Ilmenau bewirbt, wird ihr Antrag abgelehnt. Die Uni gilt als rote Kaderschmiede, in der strenge Auswahlkriterien herrschen. Nicht nur die bürgerliche Herkunft gilt als suspekt, sie wird vor allem als Tochter aus einem Pfarrhaus abgelehnt. Bei einer zweiten Bewerbung in Berlin zählen ihre Leistungen.

RELIGION UND GESELLSCHAFT

Zu den Bemühungen, aus den Facetten im Leben der Angela O. klug zu werden, gehört ein Buch von Hans-Jörg Osten über ihr erstes Leben. Er erinnert an eine rührige FDJ Aktivistin:

„Sie organisierte FDJ Studienjahre, in denen eifrig darüber diskutiert wurde, wie dieser DDR Sozialismus noch besser und wirksamer zu machen sei. Sie war nicht nur FDJ Propagandistin. Sie gehörte auch der Betriebsgewerkschaftsleitung der Akademie an. Im Mittelpunkt standen die Arbeitsorganisation, die Verteilung von Ferienplätzen, aber auch die ideologische Schulung. Dies bedeutete in Zeiten der NATO Nachrüstung die geistige Mobilmachung, die Maximierung der wissenschaftlichen Forschungsarbeit, um gegen den umfassendsden und gefährlichsten Gegenangriff des Imperialismus auf den Frieden und die Sicherheit der Völker seit der Periode des Kalten Krieges gewappnet zu sein."

Es war Bundeskanzler Helmut Schmidt, der in seiner Partei, der SPD, die Zustimmung zur Stationierung amerikanischer Pershing und Cruise Missilis Atomraketen durchsetzte. Als Antwort auf die Modernisierung sowjetischer SS20. Mit Widerwillen musste er später einem Treffen mit Erich Honecker zustimmen. Er, der Hanseat, Offizier mit Befehlston, Bundeskanzler, neben ihm der Kleinbürger aus dem Saarland mit kommunistischer Herkunft, Staatsratsvorsitzender der DDR mit Fistelstimme, erpicht auf Anerkennung in Deutschland und der Welt. Zum Abschied reicht Honecker seinem Gast ein Bonbon.

AUS DEM ZWEITEN LEBEN:
DIE PRIVATE ANGELA O.

Rosenkranz:
Was bisher schwierig war, das ist ein Einblick in das private Leben der Angela O., in ihr Zuhause.
Sie meidet die Öffentlichkeit, trennt bewusst, grenzt sich ab, sucht Ruhe und erwartet Respekt vor dieser Entscheidung.
Güldenstern:
Hier spielt sie nicht die Rolle der Weltenfrau, der unermüdlichen Großdiplomatin, der Mitgestalterin globalen Geschehens.
Rosenkranz:
Hier ist sie Mensch, hier darf sie sein.
Güldenstern:
Normale Menschen in diesem Leben sind die Putzfrauen, der Hausmeister als Mann für das Grobe und der Verwalter. Sie begegnet bei ihren heimlichen Besuchen der Gärtnerin in Gerswalde und vielleicht dreimal im Jahr die Verkäuferinnen bei „Nah und gut".

Selbst die Auftritte in ihrem Wahlkreis im rechten Meckpomm sind streng kontrollierte, abgeschirmte Veranstaltungen. Dort hört sie gelegentlich Stimmen aus dem Volk. Ob Frauen oder Männer sind es Gefolgsleute, treue Jasager aus ihrem Wahlkreis, ihr nahe.

DAS HIER UND DAS DORT:
LEBEN MIT DER GRENZE

Angela O., geboren 1954, war zur Zeit des Mauerbaus, 1961, sieben Jahre alt. Die Grenze in Deutschland war für sie selbstverständlich und kein Problem; nicht in der Uckermark, nicht in ihrer Jugend. Es gab sie weit entfernt.

Bewohner in ihrer Nähe lebten mit Einschränkungen, eine Annäherung an diesen so genannten antifaschistischen Schutzwall war, außer unter strengen Genehmigungen nicht möglich. Die Grenze wurde von bewaffneten Soldaten der Grenztruppen bewacht. Die Bewohner im Norden wie im Osten, auch in den Dörfern der Uckermark, hatten kein Interesse.

Das alles war weit entfernt und ging sie nichts an. Über Zwischenfälle wurde im Westfernsehen berichtet. Alles war in verfügter Ordnung. Der Slogan vom „bewaffneten Frieden" war vertraut. Der „Kalte Krieg", die Szenarien von gegenseitiger Vernichtung geschrieben, war noch präsent. In Deutschland standen sich Armeen gegenüber, auf beiden Seiten der Grenze Atomraketen. Die Friedensbewegung im Westen, das Aufbegehren im Osten: „Frieden schaffen ohne Waffen" als verbotene Aufnäher.

Güldenstern:
Bevor sie sich auf den Weg macht sondiert Angela
O. die Lage. Nach holprigen ersten Schritten fasst
sie Tritt, analysiert, findet bei der CDU ihr Zu-
hause, gewinnt die Sympathie des dicken Kanzlers
und wird „sein Mädchen" als Ossi-Frau.
Rosenkranz:
Sie wird zur Sphinx, die weiß woher der Wind
weht, wo man sein Mäntelchen hinzuhalten hat,
wo der Bartel seinen Most holt.
Güldenstern:
So wie damals nach dem Krieg im Westen alte
Nazis sich zu Demokraten mauserten, wurden
im Osten alte Parteimitglieder in der Diktatur des
Proletariats zu strammen Genossen.
Rosenkranz:
In der BRD der Aufschwung West im real existierenden Kapitalismus mit dem Tanz um das golde-
ne Kalb.
In der DDR ein trister real existierender Sozialis-
mus, einer grauen Zukunft zugewandt, mit Paraden, Kampfaufrufen, Solidaritätsbekundungen,
Fahnenmeer und Spruchbändern zur unverbrüch-
lichen Freundschaft, zum bewaffneten Frieden,
zur Planerfüllung.
Rosenkranz:
Plötzlich war Schluss mit dem Jubel mit Brimbo-
rium und Show, jetzt gab es das „Drüben" überall,
alles wurde Deutschland einig Vaterland.

NEUORIENTIERUG UND ENTSCHEIDUNG

Die großen Veränderungen. Bis zur Einheit müssen die Messen gelesen sein, muss jeder sehen wo er bleibt.

Alte SED-Mitglieder sorgen für weiteres Fortkommen, bleiben in Verwaltungen und Ämtern, alte Genossen unter sich. Nur hohe Stasi-Leute mit Ambitionen auf Parteivorsitz, gar auf Kanzlerschaft, scheitern. Andere aus dem Staatssicherheitsdienst finden neue Festanstellungen bei Radio, Fernsehen und den Zeitungen, die nun westdeutschen Verlagen gehören. So erscheint die alte „Freiheit" aus Halle an der Saale als Mitteldeutsche Zeitung mit Kuschelplätzen für alte Chefredakteure und Abteilungsleiter.

Warum denn nicht?

Nur das Neue Deutschland blieb das alte neue Deutschland.

Wendehälse?

Na klar.

Es gilt die Mäntelchen in den neuen Wind zu hängen, der aus dem Westen weht.

Für die alten Genossen gibt es die PDS. Für alle sind es Angebote von SPD, CDU und FDP, Integration im Schnellverfahren. Dabei gilt die Dominanz alter Strategen aus dem Westen und ihrer Nachrücker, die wichtige Positionen in Führungsetagen besetzten. Westmanager fielen nach dem Raubzug

der Treuhand ins Ostland ein. Sie erhielten Unterstützung von alten Kombinatsdirektoren, die auf ihre guten Kontakte nach Russland und in die anderen RWE-Staaten verweisen.
Ein osteuropäisches Netzwerk.

Es sind Hunderttausende, die ihre Sachen packen. Sie lassen ihre Heimat zurück, werden zu Auswanderern in eine neue Welt, die nicht weit entfernt, Verlockung bedeutet. Dabei kennen sie nicht den Preis. Wie bei den Europäern, die im 19. und 20. Jahrhundert in die USA gingen, sind sie ahnungslos. Willkommen im System der Härte.

Der Unterschied: die Deutschen, Engländer, Italiener, Spanier hatten Länder politischer Unterdrückkung und großer Armut verlassen. Die alten DDR-Bürger ergreifen für sich neue Chancen. Viele mit falschen Erwartungen, an denen sie scheitern. Andere durchschauen das neue System, erkennen die Spielregeln, boxen sich durch, werden zu Bundesbürgern.

DIE BRD - DAS FERNE LAND

Die Idee zu einem Wechsel in den Westen war Angela O. nie gekommen. Wie sollte sie auch – Tochter eines Pfarrers, der mit seiner Familie bewusst aus dem Westen in den Osten gekommen war. Im Norden der DDR waren Pfarrstellen unbesetzt geblieben.

Es war für die Alten wie für die Neuen ein schwieriges Amt.

Während die wenigen Katholiken eher unbehelligt blieben, hatten es evangelische Christen schwer. Die Jungen wurden an Schulen drangsaliert und benachteiligt. Wer sich nicht arrangierte, hatte selten eine Chance auf einen Studienplatz. Der Zugang war dennoch dort möglich, wo sich Hochschul-Rektoren den Direktiven der SED-Führung widersetzten.

Zu denen, die keinen Repressalien ausgesetzt waren gehörten Pastoren, die in evangelischen Krankenhäusern und sozialen Einrichtungen arbeiteten. Es gab enge Verbindungen zwischen den Gemeinden über die Grenze hinweg, auch materielle und finanzielle Unterstützung.

Bei allen Unzulänglichkeiten und Fehlern eines erstarrten Funktionärssystems, Angela O. erwartete Veränderung. Sie wusste aber um die engen Grenzen, die zu beachten waren. Kein kritisches Wort zur Ausbürgerung Biermanns und zur Opposition. Sie wägt ab, ist nicht unter den Demonstranten, nicht unter den „Wir sind das Volk" - Rufern, nicht unter den Einheitsforderern, ist nicht unter den

Massen beim Sturm ins Westparadies
mit 100 D-Mark-Taschengeld als erste Almosen.
Die Analytikerin, wartet ab und will noch immer
eine andere veränderte DDR. Sie wünscht sich eine
reformierte DDR, aber nicht im bundesrepublika-
nischen Sinne.
Einen Ausreiseantrag zu stellen, das kam für sie
nie infrage.
Man lief nicht davon, trennte sich nicht von seinen
Familien, seinen Freunden, Pfarrer trennten sich
nicht von ihren Gemeinden, Ärzte nicht von ihren
Patienten. Das einige Ärzte attraktiv finanziellen
Angeboten aus der BRD erlegen waren hatte sie als
Verrat empfunden.

Angela O. ließ ihr altes Deutschland erst 1990 hinter sich. Sie verabschiedete sich aus einem Staat,
der von der Landkarte verschwunden war.

DAS TEFLON – PHÄNOMEN

Zu den besonderen Eigenschaften von Angela O.
gehört in ihrem Erbgut offenbar das Gen für die
Macht. Sie sieht ihre Chancen, trifft Punkt genau
den jeweils richtigen Zeitpunkt. Die saturierten
Mitglieder der Männerriege erkennen die Gefahr
zu spät, sind von ihren blitzschnellen Angriffen
überrumpelt. Mit Freundlichkeit werden die Her-

ren entsorgt. Sie dürfen ihrer Wege gehen, im Kopf Wut und der lebenslange Wunsch nach Vergeltung. Vorahnung für drohende Gefahren verdankt sie ihrer Witterung. Sie spürt, erkennt, schreitet ein.

Nur einen, der sie mit einer Intrige zum eigenen Vorteil stürzen wollte, ließ sie in ihrer Nähe gewähren. Am Ende besorgte sie dem Siebzigjährigen ein Amt mit großem Ansehen. Sie hatte in diesem Fall seine und die Rachegelüste seines Zöglings unterschätzt. Rachegelüste, Bereitschaft zu Intrige und Vernichtung haben nirgends ein Ende.
Als sich nach vielen Jahren die Chance zu ihrem Sturz mit Unterstützung des verbitterten Alten im Rollstuhl bietet, misslingt selbst dieser letzte geplante Coup.
Welch ein Stoff für Shakespeare, freilich ohne Gemetzel am Ende.

Sie greift ohne Rücksicht zu, besitzt die Fähigkeit der Anpassung, die sprichwörtlich wird. Die Zeitungen finden für sie den Vergleich mit Teflon, eine beschichtete Bratpfanne, an der alles abperlt, wie sie die Medien beschreiben:
Der Westen: Die Frau hat Teflon-Qualitäten
Deutschlandfunk: Der Teflonhosenanzug wird dünner
Merkur: Kratzer in Teflon-Qualität
Süddeutsche: Angela Teflon Merkel

Die Achse des Guten: Das rote Sakko war offensicht-
lich aus purem Teflon, so perlten die Fragen an ihr
ab
Le Point: chancelliere Teflon
Huffington Post Italien: Teflon Cancelliera
Thüringer Allgemeine: Zwei andere politische
Schlappen perlten an ihr ab wie an einer Schicht
Teflon.
Stern: Die Eiskönigin
Spiegel: Die Einsame
Bild am Sonntag: Das Bundes Covergirl
El Jueves aus Spanien: Die Domina
Focus: Mutter Angela
Newsweek: Why is this women so popular?

DIE ANKUNFT IM HAUS AM SEE

Yvonne hat vormittags am Bäckerwagen aus Friedrichswalde eingekauft. Er fährt Mittwoch und Freitag vormittags neben der Bushaltestelle vor. Sie kauft, auch privat mit getrennten Kassen, zwei Laibe Preußenkönig, dazu Körnerbrote, Buttersemmeln, Mohn- und Pflaumenkuchen mit Sahne. Die Früchte aus dem Sommer des letzten Jahres haben in Tiefkühlschränken überwintert. Für die Ankunft stehen heißes Wasser und Tee zur Auswahl bereit. Angela O. wählt meist zwischen Darjeeling Ingwer, frisch geschnitten, mit Zitrone.

Sie genießt diese tea time. Manchmal, noch vom Essen in Meseberg gesättigt, genügen ihr ein paar Kekse. Der Kuchen wird dann für die folgenden Tage aufbewahrt.

Die Dienstwagen erreichen die schmale Straße zum Dorf, die in einer Sackgasse endet. Die beiden Fahrer übernachten im Fährkrug, meist sind es ruhige Tage. Sie haben Bereitschaft. Ein Anruf genügt, sie sind zur Stelle. Für die Wochenenden, die sie hier zubringen, gibt es Ausgleich, wenn die Chefin unterwegs ist, in Kiew, Buenos Aires, Afrika, Nah- oder Fernost. Gelegentlich kann Personal im Haus der Wachleute auf der anderen Straßenseite untergebracht werden.
Angela O. betritt das Haus, telefoniert dabei mit Berlin, bittet den Pressesprecher den Nachruf auf die Sopranistin Montserra Caballe zu formulieren. Sie hat die Diva in vielen Opernaufführungen erlebt.

Ein Assistent trägt Koffer ins Haus. Sie trifft als ersten Wagner, erkundigt ich:
Was gibt's hier Neues – bei uns?
Im Dorf und drüben?
Wagner wendet sich ihr zu, um Bericht zu erstatten:
Das Übliche. Mit dem Russisch-Orthodoxen-Kloster geht es nicht voran. Es heißt, sie seien mit

ihren Sanktionen gegen Russland schuld. Naja, sie wissen schon. Und unter Leuten weiter die Ablehnung der Flüchtlinge. Selbst in der Kleinstadt gibt es Bemühungen um Integration und Widerstand.
Wagner leise zu ihr:
Wenn ich das bemerken darf, im Vertrauen, selbst hier im Haus sind ihnen nicht alle wohl gesonnen.
Angela O.:
Danke Wagner, ich weiß das.

WAGNER UND ANGELA O.

Wagner gilt als der Sonderling im Haus am See. Er beteiligt sich nicht an den Gesprächen der anderen drei, die ihn ablehnen und der seinerseits nicht viel von ihnen hält. Sie lassen einander in Ruhe. Der Fremde, der er geblieben ist und die Dorfbewohner.
Er hat ein eigenes Zimmer im hinteren Teil des Hauses. An den drei Seiten Ikea-Bücherregale bis zur Decke, eine Bibliothek mit deutscher Literatur, ein Schreibtisch mit Rechner. Sein Lieblingsplatz ist, in der Ecke, ein bequemer alter Sessel mit Stehlampe, daneben ein Abstelltisch. Hier verbringt er seine Nachmittage und Abende.

Morgens und abends unternimmt Wagner seine Rundgänge zur Inspektion. Danach notiert er

Beobachtungen, trägt in Listen ein, was fehlt, erledigt Besorgungen, kauft bei Netto, Nah und Gut sowie Edeka in Joachimsthal ein. Dort hat er im Gartencenter vor kurzem drei Nistkästen und als Sonderangebot ein Eichhörnchenhaus erworben. Angebote an Dünger findet er bei Thomas Phillipp.

In seiner Freizeit erweitert er seine Kenntnisse in deutscher Lyrik. Mit seinem Wissen an Gedichten könnte er sich bei jeder Quizshow bewerben.
Als Angela O. für Wagner ein Exemplar aus der alten DDR Reihe Poesiealbum, Nummer 137 von Paul Celan mitbrachte, so wie sie häufiger Raritäten für ihn entdeckte, gestand er ihr, sein Wissen an Lyrik umfasse inzwischen über 1500 Gedichte von Grimmelshausen bis Joachim Ringelnetz. Dazu die Alten der Weltliteratur, Homer, Hafis, Konfuzius, Laotse. Er kann die Texte auswendig, könnte sie auf Anruf rezitieren. Wagner als ein wandelndes Lexikon, das er niemandem gegenüber preisgegeben hat. Wobei es Gedichte gibt, die er bis heute meidet: die Schmähverse von Wolf Biermann, Lutz Rathenow oder Adolf Endlers „Verwirrte klare Botschaften".
Der Lehrer von einst und seine alte Schülerin haben über ihre Verbindung und die unterschiedlichen Lebenswege gesprochen, ein heute über Siebzigjähriger und die mittlerweile Vierundsechzigjährige.

Er war Sohn eines KPD-Mitglieds, der durch Flucht vor den Nazis in der Sowjetunion überlebt hatte. Nach seiner Rückkehr war er vom Sieg des Kommunismus in der DDR überzeugt. Er glaubte dieses ferne Ziel habe mit allen Mitteln verfolgt werden müssen, auch gegen die Klassenfeinde im „ersten sozialistischen Staat auf deutschem Boden". So habe auch er, der Sohn, seine Aufgabe gesehen. Noch nach dem Mauerfall und Öffnung der Grenze sei er dieser Meinung gewesen. Die Montagsdemonstrationen als Verrat. Sie hätten mit Gewalt verhindert werden müssen. Die Camps zur Internierung der Aufsässigen waren vorbereitet. Ein Fortbestand der DDR wäre möglich gewesen. Angela O. hörte ihm zu, mehr nicht.

29. APRIL – DER ZWEITE TAG: ENDLICH AM ZIEL

Angela O. begrüßt Yvonne, Mike und Elke, die im Hintergrund gewartet haben und erkundigt sich bei ihnen, erfährt, im Haus sei alles in Ordnung.
In dieser Stunde beginnt die Verwandlung, aus der Chefin wird Angela O.
Sie legt ihre Dienstkleidung ab, eine von sechzig, siebzig, neunzig? der für sie typischen Jacken unterschiedlicher Länge in einer Farbpalette zwischen weiß und schwarz für jeden Anlass, aus

denen bei Reisen stets drei Dutzend ausgewählt und mitgeführt werden. Hier im Haus am See sind es vier dieser Jacken, mit denen sie den Stil von Geschäftsfrauen in Variationen geprägt hat. Es ist Kleidung für den Ernstfall von unerwarteter Störung.

Erfrischt, befreit erscheint die andere Angela O., in Jeans und einem weiten karierten Hemd, über dem sie eine leichte Weste trägt, an den Füßen alte feste Gartenschuhe.
Ihr letzter Besuch liegt vierzehn Tage zurück. Sie hat die ersten Pflanzen gesetzt und Samen ausgestreut. Der ungewöhnlich warme Frühling bot ideale Voraussetzungen. Freilich ist es zu trocken. So muss mit Gießkannen und dem langen Schlauch gewässert werden.
Gartenarbeit gilt für Angela O. als Vergnügen und Entspannung.
Nach der Zwischensaat sind die Beete im Herbst von Mike vorbereitet worden. Er hatte von Volker Schafsmist geholt und untergegraben.
Im Gewächshaus sind Salat und Tomaten vorbereitet. So konnte sie im April neu pflanzen und aussäen:
Salat, Zwiebeln, Rote Beete, Porree, Möhren, Zucchini. Auch für die Erdbeeren ist alles parat.
Das Problem mit den Nacktschnecken wird sich wohl nur mit dem Absuchen der Pflanzen lösen

lassen. Giftkörner lehnt sie ab.
Und die Waschbärenplage? Sie hat mit Mike über eine zweite und dritte Falle gesprochen. So haben sie im letzten Sommer schon drei dieser Obsträuber gefangen. Der Förster hat sie anschließend übernommen und wohl „entsorgt".

Morgen Vormittag wird sie mit dem alten kleinen Polo heimlich ohne Begleitung, mit einem Kopftuch und einer alten Jacke verkleidet, unbeachtet nach Gerswalde fahren, den Wagen neben dem Pfarrhaus abstellen um dann die Gärtnerin, Frau R., zu besuchen, die stets neue Tipps für die Besucherin hat. Im Vorjahr war es eine seltene Kürbissorte, die Früchte flach wie ein heller Teller, gut geeignet, um ihr Inneres auszuhöhlen und zu füllen. Dazu als Favorit Hokkaido.

Nach drei Stunden im Garten fühlt sich Angela O. erschöpft. Es ist, als habe sie tief durchgeatmet.
Ihr Mann wird erst morgen Abend nach einer Vorlesung an der Uni kommen.
Ihr bleibt genügend Zeit zum Kochen, einem Hobby, dem sie sich gerne widmet. Essen, das von Besuchern stets gelobt wird. Sie bereitet keine raffinierten Gerichte der Spitzenköche vor, sondern ländliche Kost. Es sind die Zutaten vom Land, die von ihr bevorzugt werden. Lamm oder Wildschwein, aus den Seen Zander, Wels und Hecht.

Heute entscheidet sie sich für Kaninchen auf spanische Art, auf Wunsch des Hausherren ohne Knoblauch, mit Zwiebeln und Tomaten, von denen sie im Herbst viele als Soße eingefroren hat. Das Rezept hat ihr eine Nachbarin verraten.

Am Abend macht sie es sich bei einer Flasche unfiltrierten Rotwein gemütlich. Sie hat sich zwei Videos bereit gelegt, den Dresenfilm über den DDR-Liedermacher Gundermann und dessen Verbindung zur Staatssicherheit und eine Dokumentation über den Trabant, den Alltags Kleinwagen der DDR. Seine Fortentwicklung zu einer Golf-Variante mit Designerstudie lag fertig vor. Die Verwirklichung scheiterte an der Sturheit von Betonköpfen in einer unbeweglichen Funktionärsstruktur. So blieb der Trabi, was er war, ein lauter schlichter Zweitakter, wie es ihn auch einmal in ihrer Familie gegeben hat, gefolgt später von einem gebrauchten Käfer.

30. APRIL – DER DRITTE TAG: LANDGESCHICHTEN

Wagner und die Securitiy sind von der Aktion am Morgen informiert. Die Sicherheitsleute hatten die Strecke abgefahren und die kleine Straße am Ziegenwinkel inspiziert. Die Eheleute sind, wie jeden Morgen, seit fünf Uhr auf ihrem Grundstück

unterwegs. Es zieht sich vom Haus aus leicht ab-
schüssig den Hang hinunter.

Nach ihrer unbeachteten Gerswalde-Exkursion
nimmt sie sich die Zeit für das erste Bad in diesen
Tagen.

Zum ersten Mal hatte sie sich bereits vor zehn
Tagen ins Wasser getraut, bei sechzehn Grad.
Heute, hat sich der See angenehm weiter erwärmt.
Sie schätzt die Wassertemperatur auf siebzehn,
achtzehn Grad, geht Schritt für Schritt langsam in
den See, danach schwimmt sie in ruhigen Zügen
ein Stück hinaus in Richtung zum gegenüber lie-
genden Ufer. Als die Kühle ihr in die Glieder fährt,
wendet sie, kehrt zurück, rubbelt Gesicht Hände
und Arme ab, um sich anschließend im Bad nach
Kneippscher Art mit wechselnd heißer und kalter
Dusche zu erwärmen.

Für den Abend schaltet sie die Sauna ein.

Wer zwischen Frühjahr und Herbst ahnungslos
ins Haus am See kommt, lässt sich meist zum
Schwimmen überreden. Unter den Gästen nicht
nur Mitglieder des Kabinetts der eigenen Partei,
der Regierungssprecher, vertraute Frauen aus
ihrem Beraterstab, auch Bundespräsidenten ließen
die Hüllen fallen. Badeanzüge und Badehosen in
unterschiedlichen Größen und Handtücher liegen
stets bereit. Nach anfänglichem Zögern wurde das

Geplansche zum unvergesslich fröhlichem Erlebnis.

Für heute, den 30. April, hat sich Angela O. nach dem Bad wieder Gartenarbeit vorgenommen. Die beiden Frauen helfen ihr bei den Blumenbeeten. Mittags gibt es eine kleine Brotzeit mit Käse, einem Stück Stracke aus Temmen und dem ersten Salat aus der Gärtnerei.

Am Nachmittag bittet die Chefin Yvonne und Elke zu Kaffee und den bereit gestellten Kuchen vom Bäckerwagen. In der Frauenrunde erfährt sie die neuesten Geschichten aus dem Ort und der Umgebung.

Das wusste sie noch nicht?

Schon im Februar haben sie den alten Walter beerdigt. Sechsundneunzig war er geworden. Bis zum Schluss ist er mit seinem kleinen Auto, Höchstgeschwindigkeit 20km/h, zum Friedhof gefahren, das Grab seiner Eltern zu pflegen. Er war der letzte Mieter im Gutshaus.

Und den Mann von Waltraud hat es mit einem Schlaganfall erwischt. Seit Monaten im Rollstuhl, versuchen sie ihn in der Rehaklinik am Wolletzsee wieder einigermaßen auf die Beine zu bringen. Schlimmer, sein linker Mundwinkel hängt herunter, er kann nur lallen. Traurig sei das, ihn so erleben zu müssen, einen, der früher so fröhlich Geschichten erzählen konnte.

Und die gute Nachricht: Elke ist Oma geworden, leider lebt die junge Familie dort unten irgendwo im Schwarzwald. Wo es die jungen Leute nur überall hin verschlägt. Flexible Arbeitsplätze, durch die Familien auseinandergerissen werden.

Wichtigstes Thema ist seit Wochen das Verschwinden einer Zweiundneunzigjährigen. Die alte Frau, eine Russin, lebte seit langem mit ihrer Tochter nicht weit entfernt im Luisenhof. Dort hatte sie einen Abfalleimer die hundert Meter bis zur Straße gebracht. Als sie kurz danach vermisst wurde, gab es keine Spur mehr, weder auf der Straße noch auf den angrenzenden Weiden. Bereits die ersten Suchaktionen am Nachmittag, am nächsten Morgen und den folgenden Tagen mit Polizei, Spürhunden und einem Hubschrauber aus der Luft, brachten kein Ergebnis. Gerüchte kursieren auch jetzt. Die leicht demente Greisin könne entführt worden sein.

Angela O. weiß nichts davon. Auch nicht von den erfolgreichen Protesten einer Bürgerbewegung gegen den weiteren Bau einer Massen-Eierlege-Anlage. Eine Familie aus Niedersachsen, deren Vorfahren hier zu Hause gewesen waren, hoffte nach dem Bau eines ersten Geschäfts auf noch höheren Umsatz. Das Ehepaar, mit voneinander getrennten Förderanträgen, vom Land unterstützt, war gestoppt worden. Mike, Yvonne und Elke mit eigenen Hühnern zu Hause, hatten die Geschäftemacher von drüben sowieso gefressen, wie auch die Investoren, die ein paar Kilometer weiter am Premer See einen Golfplatz mit Luxushotel anlegen wollten. Ohne Erfolg. Eine kommunale Gesellschaft war schneller. Sie plant stattdessen eine Klinik zur Rehabilitation.

Auch hier war er wieder, der Versuch großer Firmen auf schnellem Zugriff aus dem Westen, hier einer Hotelgesellschaft, die schon in anderen Teilen der neuen Bundesländer erfolgreich war. Jetzt, dreißig Jahre nach Einheit, ist der Widerstand größer denn je. Darüber wird gesprochen und berichtet. Die Feindseligkeit hat zugenommen. Ossis und Wessis stehen sich in zwei Fronten gegenüber, mit einer Ausnahme, der Geschlossenheit der Rechten, die sich gegen alle anderen richtet.

Elke nutzt in der Unterhaltung mit Angela O., nicht zum ersten Mal, mit den Hinweis auf eine Pflasterstraße. In der Nähe hatte es vor drei Jahren Streit gegeben.
Für ein Teilstück war vom Landrat eine Summe von 300.000 Euro zur Verfügung gestellt worden. Eine Familie aus der Stadt wehrte sich mit Erfolg gegen dieses Vorhaben. Elke und andere Leute wünschten sich seit langem bei der Zufahrt zu

ihrem Dorf ebenfalls die Asphaltierung. Ob sie, Angela O., hier nicht etwas unternehmen könne. Angela O. lehnte ab. Es sei Sache des Kreises.

Elke verabschiedet sich.
Yvonne räumt das Geschirr in die Küche, besorgt den Abwasch.
Angela O. telefoniert noch einmal mit ihrem Mann, der noch an der Uni ist und erst später kommen wird.

INFORMATIONEN AUS DEM AMT:
KEINE BESONDEREN VORKOMMNISSE

Danach ist sie für die aktuellen Ereignisse bereit, für eine Videokonferenz mit Salbert. Sie sind für siebzehn Uhr verabredet.
Sie schaltet im Arbeitsraum den großen Bildschirm ein. Ein kurzes Flimmern.
Der Regierungssprecher berichtet über Ankündigungen zu den bevorstehenden Erste Mai Demonstrationen, die in den vergangenen beiden Jahren ohne große Krawalle verlaufen sind. Das könnte sich ändern, nachdem auch die Rechten den „Tag der Arbeit" für sich beanspruchen. Auseinandersetzungen mit den Linken nicht ausgeschlossen.
Putin lässt in Moskau seine militärische Macht mit großer Parade demonstrieren. Von Trump,

dem Milliardär, sei wohl zu diesem Datum nichts zu erwarten, wenngleich nicht vorauszusehen ist welche Twitter Botschaft ihm im Laufe der kommenden Nacht einfallen könnte. Zum Beispiel, eine Liebeserklärung an den nordkoreanischen Präsidenten, Androhungen neuer Zölle gegenüber China, Sanktionen gegen den Iran verbunden mit der Kündigung des Atomabkommens. Deutschland scheint erst einmal verschont.

AUFBAU OST AUS EIGENER KRAFT

Yvonne und Mike können ihr Haus vorzeigen. Vermutlich waren auch Mikes Vorfahren, seine Großeltern, Anfang des vergangenen Jahrhunderts als deutschstämmige Einwanderer aus Polen nach Brandenburg gekommen.
Es waren noch die Zeiten der großen Besiedlung des Nordens, die mit Friedrich dem Großen begann und bis in die zwanziger Jahre des 20. Jahrhunderts andauerte.
Mikes Vorfahren hatten innerhalb eines Jahres einen landwirtschaftlichen Betrieb mit Wohnhaus, Scheune und Stallungen für ein Dutzend Kühe und für Schweine aufgebaut. Zu DDR-Zeiten wurden der Viehbestand reduziert und die Weideflächen der LPG zugeschlagen. Yvonne und Mike blieben wohnen. Mit dem Verlust ihrer Jobs verdingten

sie sich als „Wir machen das Team" an Westler mit ihren Wochenend Domizilen. Danach folgte die Festanstellung bei Angela O. Das alte Bauernhaus wurde zum Schmuckstück in weinroter Farbe. Auf dem Grundstück halten sie seither Schafe, Ziegen, Gänse und Hühner, dazu drei Katzen und zwei Hofhunde mit freiem Zugang ins Haus.

Sie können nicht klagen und stimmen dennoch in die Klagen über die Zustände im Lande ein. Dieses Gemecker setzt sich wie ein Schimmelpilz als weißgrauer Schleier auf alles. Die Ost Bevölkerung fühlt sich dabei im Recht. Dieses Gefühl von den Deutschen zweiter Klasse erklärt sich nicht nur mit der Hochnäsigkeit von Westdeutschen. Es war und ist der Verlust ihrer Ehre in einer Zweiklassigkeit, die sich ließ sich allein an unterschiedlich hohen Löhnen und Renten erkennen lässt.

MIKES GEBURTSTAG, VON WÖLFEN UND FREMDEN

Mike hat zu seinem Geburtstag den alten Stall freigeräumt, die Sitzbänke und den Klapptisch aufgestellt. Im Wintergarten ist mit den beiden Sofas und den Sesseln genügend Platz für eine große gemütliche Runde.

Das Essen steht in der Werkstatt bereit. Yvonne und ihre beiden Töchter haben Kartoffel-Eier-

71

Bohnensalat zubereitet, Bouletten gebraten, dazu Hackbraten, Rote Grütze, Quarkkuchen, Torte. Draußen ein Feuerplatz und ein Grill, für den Mikes Bruder mit Rostbrätl, Würsten und Steakes zuständig ist.

Die ersten Gratulanten sind um fünf gekommen. Als Angela O. nach sieben eintrifft herrscht bei Bier, Kräuterlikör und Korn ausgelassene Stimmung. Ihr Erscheinen wird nicht mit großem Hallo begrüßt sondern bewusst distanziert, freundlich anerkennend zur Kenntnis genommen. Sie verbreitet ihr gewohntes Lächeln mit dem für sie eingeübten Hallo. Sie wirkt dabei entspannt.

Angela O. hat Mike die Blumen und die Bücher überreicht.

Mike bietet ihr Würstchen und Fleisch vom Grill an. Dazu entscheidet sie sich für Bier.

Ihren Platz sucht sie sich im Stall auf den Bänken zwischen Yvonnes Schwester und Elke.

Ein Gespräch über Probleme in der Umgebung, die Sperrung der Kreuzung zur Bundesstraße nach Berlin, über die Räucherei von Forellen in der Landkneipe auf dem Weg nach Groß-Kölpin, die Neugestaltung der Terrassengärten in Gerswalde und auch die neue Nutzung alter Plattenbauten von Städtern, die sich in einer Genossenschaft oder zu einer WG zusammengeschlossen haben.

Im Dorf gäbe es so etwas nicht, Gott sei Dank. Hier seien damals die sechs großen Gebäude drüben in

Milmersdorf entstanden, dort lebten seit langem viele Hartzer.

Heftige Diskussionen gibt es über die Wölfe und die Furcht vor den Rückkehrern aus dem Osten. Sie gehören zu den wichtigen Titeln auf der ersten Seite des „Uckermark Kurier". Schreckensmeldungen über die Eroberung von Sachsen, Brandenburg und Mecklenburg-Vorpommern durch neue Rudel mit hunderten Tieren. Sie seien schon in Dörfern gesehen worden. Aus Furcht brächten Eltern ihre Kinder morgens zum Schulbus. Ein Arbeiter meldet, er sei von einem Wolf angefallen und gebissen worden. Vielleicht. Später die Korrektur – es war ein Hund. Der Wolfswahn greift um sich. Nachrichten über Schafe, die gerissen worden sind. Die Schäfer hatten ihre Herden nicht eingezäunt und gesichert. Nachts treffen sich Bauern beim Lagerfeuer zu Wolfswachen. An der Spitze der Kampagne die Jäger. Sie fordern die Freigabe zum Abschuss.

Der Tierarzt am Tisch meint, Wölfe seien die Polizei des Waldes. Sie fräßen das Aas und töteten die kranken Tiere. Kann ja sein, meinen die einen. Trotzdem, sagen die anderen. Angela O. ist auf der Seite von Dr. B. Ihm ist in den letzten Jahren auch bei seinen Inspektionen der Adlerhorste nicht ein einziger Wolf über den Weg gelaufen.

Angela O. meidet in der Unterhaltung das Thema Jagd.

Ein großer Teil der Jäger sind Pächter aus Norddeutschland und Holland, von denen die höchsten Preise gezahlt werden. Ein paarmal im Jahr erscheinen sie zum großen Halali. Aufsicht und Pflege überlassen sie anderen, Einheimischen vor Ort, die sich auskennen. Jäger sind ihr so zuwider wie die neuen Großagrarier aus dem Westen.

Als Kuddel sich mit an den Tisch setzt, nimmt die Unterhaltung eine Wendung. Vielleicht sind es Bier und Kräuterschnaps, die Kuddel ermuntern seine Frage zu stellen:
„Warum eigentlich lassen sie das alles zu und beenden dieses ganze Theater mit den Flüchtlingen nicht? Warum schmeißen sie die nicht einfach raus und bauen eine Mauer oder ziehen eine Grenze aus Stacheldraht so wie der Orban in Ungarn? Da kommt keiner mehr rein."
Die Frauen am Tisch und Volker stimmen zu.
Angela O. lässt sich darauf ein, bemüht sich um Erklärungen, rechtfertigt ihre Politik, erregt heftigen Widerspruch, trinkt am Tisch Kräuterlikör, das Gespräch ermutigt andere, ihrem Ärger Luft zu machen.
Volker meint, die neuen Flüchtlinge hätten in der Kleinstadt nichts zu suchen.
Volker nennt Zahlen, gestern in den Nachrichten und in Bild: In Deutschland lebten mittlerweile 1,4 Millionen Flüchtlinge mit Aufenthaltsstatus. Diese

Zahl habe sich noch einmal um 56.000 erhöht. Das bedeute 56.000 zusätzliche Wohnungen und monatlich rund 1.000 Euro für jeden. Das müssten doch alle bezahlen und sei ein Skandal.

Volkers Frau fällt ihm ins Wort. Sie fügt aufgeregt hinzu, das Ende der DDR habe bis heute nichts gebracht.

„Det is uf uns runterjeplattert. Von enem Tach zum andern ham mer in Rejen jestanden. Da war nischt mer, arbeitslos un kene Perspektive. Och für die Jungen nich. Da war nischt mehr.

Wissense was das Schlimmste war. Unser Sohn hat sich uffjehängt. Un er war nich der einzige.“

DER DRITTE TAG: AM MORGEN DANACH

Die eine Tablette in der Nacht hat gegen die Beschwerden in Angelas Schädel nicht genügt. Dabei konnte sie, wie es heißt, einen Stiefel vertragen. Wenn möglich, bevorzugte sie Rotwein. Als sie jüngst die aufgebrachten Streithähne der Koalition in Meseberg zusammenrief, war sie die letzte beim Umtrunk der Versöhnung, morgens um vier und ab sieben Uhr topfit.

Schnaps aber war nie ihr Ding gewesen, Kräuterlikör noch weniger. Sie hatte sich überreden lassen. Das Bier dazu war ihr nicht bekommen. Es waren nicht allein die Getränke, die ihr Unwohlsein ausgelöst hatten. Es war die aggressive Stimmung, die in dem Gespräch geherrscht hatte.

Ein Morgen des Zweifels darüber ob sie sich die Vorwürfe immerfort zumuten sollte. Sie war die Adressatin. Ihr galt die Schuld an allem.
Unverhohlen wurde ausgesprochen, was sie vor langem selbst erkannt hatte:
Die Öffnung der Grenzen für über eine Millionen Flüchtlinge, die unkontrolliert ins Land gekommen waren, galt als größter Fehler ihrer politischen Laufbahn. Auch wenn Politiker der so genannten demokratischen Parteien unisono verkündeten, es habe sich um eine einmalig notwendige Hilfsaktion gehandelt, insgeheim war es eine Verschleierung ihrer eigentlichen Meinung.
Für die neue rechte Partei war es der Beginn ihres Erfolgs, mit dem sie in alle Landtage und den Bundestag hatte einziehen können.

Kuddel und seine Leute, alle mit denen sie hier zusammenlebte, verachteten sie.
Das kränkte sie ebenso, wie die Plakate bei Demonstrationen und die Sprechchöre mit dem Ruf, sie „müsse weg".

Es hatte ihr nicht geholfen, den Fraktionsvorsitz ihrer Partei aufzugeben. Auch wenn Seebacher aus seinem Amt ausgeschieden und Dobert sein Nachfolger geworden war, das Land ist durch Parolen und Sprechchöre vergiftet, gegen die selbst der Präsident mit seinen Aufrufen zu Mäßigung und Toleranz nichts ausrichten kann. Was sollte er auch bewirken?

In Chemnitz haben Ausländer einen Unschuldigen umgebracht, in Freiburg ist eine junge Frau Opfer einer Gruppenvergewaltigung mit sieben Syrern geworden, eine andere wurde ermordet.
Immer neue Meldungen. Immer stärker der Hass auf „die Flüchtlinge", die mittlerweile überall untergebracht werden.
Kuddel und die anderen wussten aus „Bild" und AFD- Parolen, viele dieser Leute bekämen nach ihrer Anerkennung sofort eine Wohnung, „vor allen anderen, vor uns!"
Alle Versuche die Geburtstagsgäste umstimmen zu wollen, waren gescheitert.
Sie hatte sich wie eine alte ermüdete Krankenschwester gefühlt, die mit Pflaster, Binden und Jodtinktur immer neue Wunden zu stillen versuchte.

Angela O.´s Mann war gestern erst spät am Abend im Haus am See eingetroffen. Zu spät. Als sie ihm von Mikes Geburtstagsfest berichtet, bedauerte er, sie nicht begleitet zu haben. Es war ein Fehler gewesen, seine Vorlesung nicht abzusagen. Er wäre laut geworden und hätte Kuddels Unfug unterbunden. Berger war bei den Leuten nicht beliebt. Sie konnten einander nicht leiden. Er galt im Dorf als schroff.

DIE ERSCHEINUNG DER ANGELA O.: AUFTRITT UND REPRÄSENTATION

Die Wahrnehmung von Angela O. in der Öffentlichkeit beschränkt sich auf wenige Szenarien. Sie empfängt Staatsgäste, schreitet Paraden ab, ist selbst auf Staatsbesuchen, tauscht Wagenküsse, vertraut oder flüchtig, sitzt mit Prominenten zusammen, tritt bei Pressekonferenzen vor die Kamera, betont Gemeinsamkeiten über Jahrzehnte oder Jahrhunderte, verweist auf zukünftige Projekte, tritt auf, tritt ab. Sie sitzt in gepanzerten Limousinen, Hubschraubern, dem Regierungsjet, gibt sich in Talkshows diplomatisch.
Immer auf Distanz.

Halbprivat, in der Öffentlichkeit sind es die Szenen vom Auftrieb der Wichtigtuer beim Bayreuther Untergangsspetakel der Nibelungen. Die alten und die neuen Politprominenten.
Der rote Teppich. Die First-Class-Kaste unter sich: Sie im Club der toten Seelen, unter Präsidenten,

Honoratioren, Bankern, Aufsichtsratsvorsitzenden, Industriellen besonders der Autoindustrie, Staatsmännern, die für diesen veralteten Spuk, Sponsoren sind, Ehrengäste, dazu aufgetakelte Versace-Diven und kariert kostümierte Unterhaltungsclowns.

Fotografiert und aufgezeichnet für Boulevardblätter, begafft von der Meute der Promijäger, bevor drinnen in Bayreuth die Rheintöchter wabern und Alberich um seinen Goldschatz zittert.
Den eleganten fein betuchten Alberichen von heute ist um ihre Millionen und Milliarden nicht bange, sie wissen, das Volk da draußen wird immer die Zeche bezahlen, direkt oder indirekt.

Der Kontakt zum Volk sind Treffen mit ausgewählten Gruppen zu kurzen Gesprächen, in denen sich Angela O. Fragen stellt, zuhört, vage verspricht. Nein, keiner sieht sie einmal in einer Weddinger Arbeiterkneipe, bei den Obdachlosen in Köln, in den Warteschlangen der Sozialhilfeempfänger.
Sie weiß nicht, wie sich das Leben verändert hat, weiß nichts von einfachen Leuten. So wie diejenigen, die meinen, im Auftrag dieses Volkes zu handeln?
Sie war nie in ihrem Leben in einem überfüllten Bus, in S-/U-/Straßenbahnen, dort wo russisch, spanisch, arabisch, polnisch gesprochen wird, mit

Leuten aus der Zentralafrikanischen Republik, Mali, Syrien, Ägypten, Tunesien. Wie sollte das auch möglich sein? Die politischen Geschäfte mit den anderen Aktivisten und mit sich selbst boten wenig Möglichkeiten. Auch wenn Abgeordnete Termine „an der Basis" wahrnahmen, die Entfernung zum „wirklichen Leben" war mit Feuerwehrfesten, der Einweihung eines Straßenabschnittes, Gesprächen mit anderen Mitgliedern der eigenen Partei groß.

VERDRUSS, VERÄRGERUNG, PROTEST

Unruhe im Land. Überall wird gemurrt. Im Osten sind die Demonstrationen der Pegida Bewegung zum Ventil geworden. Angela O. spürt Unzufriedenheit auch in ihrer Partei.

Aufgezeichnet von Focus Online bei Regionalkonferenzen:

Regionalkonferenz Jena
„Sie Frau Merkel sind die Nemesis unserer ehemaligen großen Christlich Demokratischen Union Deutschlands und deshalb treten sie zurück und geben sie der CDU eine neue Chance."
„Ich bin wegen Helmut Kohl in die CDU eingetreten und ihretwegen aus der CDU ausgetreten."

80

CDU – Regionalkonferenz Karlsruhe:
„Frau Bundeskanzlerin, treten sie zurück."

Regionalkonferenz Heidelberg
Angela O.: „Ich bin es ihnen schuldig zu sagen, was ich denke. Unsere nächste große Aufgabe heißt Afrika."
Angela O.: „Ich nehme ihre Angst ernst und nehme auch ihre Position zur Kenntnis.
Angela O.: „Politik hat auch ein Stück mit Vertrauen zu tun. Einfach mal auf Flüchtlinge zugehen, dann verliert man gewisse Ängste. Das kann auch den eigenen Horizont erweitern."

Regionalkonferenz Münster
Gundolf Sibeke aus Köln: „Wenn ein afghanisches Kind der Kanzlerin die Hand schütteln darf, darf dann unsere Tochter das auch?"

ANKERZENTREN:
KURZFRISTIGER AUFENTHALT

Angela O. schaltet den Bildschirm ein.
Auf der Großbildwand erscheint das Gesicht des Innenministers:
O-Ton:
Es gilt der gemeinsame Beschluss der großen Koalition, die Einrichtung von Ankerzentren zur ra-

schen Zusammenführung von Flüchtlingen, deren Aufenthaltsberechtigung binnen weniger Tage geprüft werden soll, damit sie sofort zurückgeführt werden können. Bisher gibt es nur wenige Länder, die dem gemeinsamen Beschluss folgen. Jetzt müssen die Maßnahmen mit Ausgangssperren nach Mitternacht und ärztlicher Kontrolle rund um die Uhr noch verschärft werden.

Umschaltung zu Pressesprecher Salbert:
Er trommelt auf allen Kanälen. Er wechselt von einem zum nächsten Studio, redet auf allen Kanälen, steht für Gespräche mit Radiosender und Zeitungen sofort zur Verfügung. Was raten Sie?
Angela O.:
Laden sie zu einer Pressekonferenz, teilen sie mit, ich hätte Verständnis und würde die Ministerpräsidenten drängen, den Auftrag der Koalition mit Vorrang umzusetzen, entsprechende Bauten zu finden und rasch zu diesem Zweck auszustatten.
Salbert:
Man wird nach dem Zeitrahmen fragen.
Angela O.:
Sagen sie, das könnte mancherorts binnen Tagen, in anderen Fällen in zwei, drei Wochen geschehen. Wir sollten morgen früh eine Telefonkonferenz mit allen Ministerpräsidenten organisieren. Alle müssen dabei sein, ohne Ausnahme. Dann kommen wir rechtzeitig, mittags, damit raus. So haben

wir eine Weile Ruhe. Vielleicht.

Salbert:

Über das zweite aktuelle Thema sind sie bereits informiert:

Die Bayern haben mit eigenen Grenzkontrollen verstärkt und setzen dafür noch mehr Beamte ein.

Angela O.:

Der Neue regiert sich in die Rolle des Nachfolgers von Strauß, weniger ruppig, als ein konzilianter, der Heimat verbundener Landesvater.

Salbert:

Übrigens der Termin mit Putin ist fest. Er kommt nach Meseberg.

Angela O.:

Wir haben viel zu klären. Immer wieder das Ukraine Thema bei dem Poroschenko mit Provokation, Kriegsrecht Auftritten in Armeekleidung, mit denen er seine gesunkenen Umfragewerte vor den Wahlen zu steigern hofft. Die Nähe Putins zu Assad. Den Stop der Waffenlieferungen in den Nahen Osten.

DER 4. TAG: ERSTER MAI,
FRÜHSTÜCK MIT LOHENGRIN

Der erste Mai bleibt ohne Störung. Bei den Demonstrationen in Kreuzberg gab es die erwarteten kleinen Zwischenfälle. Zur Zeit wird rund um den

Mariannenplatz gefeiert. An Ständen werden internationale Spezialitäten und Getränke feilgeboten, eine Straßenspeisekarte von Kuba bis Burma und Australien. Musik wie beim Karneval der Kulturen auf Bühnen und auf der Straße.

Auch Politiker machen mit Familie, Partnern und Freunden Pause, unternehmen Ausflüge, Rad- und Paddeltouren. Viele sind aufs Land gefahren.

Zu DDR-Zeiten wurde am „Tag der Arbeit", der ein Freitag war, gegrillt und getrunken. An manchen Orten gab es unerwünschte Ansprachen von Wichtigtuer Funktionären. Sie wurden überhört. Heute hat sich daran wenig geändert. Man kommt, nun ohne LPG- Vorsitzende oder Parteileute, zum Feiern zusammen, ein größeres Angebot zum Essen, auch mal mit einem Karussell für die Kleinen. Das Bild hat sich in den letzten Jahren mit den Flüchtlingen verändert, mit neugierigen Jugendlichen, die Krieg, Terror, Armut entkommen sind, Familien, bei denen die Frauen Kopftücher tragen. Gegen Abend zieht sich ein großer Teil der Fremden zurück.

Andere bleiben, schlagen die Zeit tot. Danach kommt es häufig zu Auseinandersetzungen mit Angetrunkenen, wenn Deutsche auf Ausländer treffen.

Angela O. an einem ihrer Ausschlaftage. Es ist ein Morgen, an dem er das Frühstück zubereitet mit

Körnerbrötchen aus der Tiefkühltruhe, Kirsch-
Johannisbeer- und Pflaumenmarmelade aus dem
Garten, die sie im letzten Sommer gemeinsam eingekocht haben, Honig aus Temmen und Eiern von
Elke oder Yvonne, die mittlerweile immer mehr
Abnehmer von den Wochenend Uckermärkern
haben. Den Kaffee bereitet er weiter traditionell in
einer Kanne mit Pulver und etwas Kakao zu, mit
heißem Wasser überbrüht, danach niedergedrückt.
Nein, einer dieser teuren Automaten kommt eben-
sowenig in die Küche wie eine Mikrowelle.

Die erste Tasse bekommt Angela mit braunem
Rohrzucker und frischer Milch am Bett serviert.
Angela O. genießt diese liebevolle Zuwendung, ein
Erwachen ohne Temindruck, Frühstück im Mor-
genmantel. Berger ist über diese unangestrengten
Tage froh. Hier lebt er mit seiner Frau zu Hause,
die mit ihrer Herkunft „Bodenhaftung" hat.
Er legt ihre gemeinsame Lieblingsmusik auf. Wagners „Lohengrin". Es ist eine bisher unentdeckte
Einspielung unter Hans Knappertsbusch aus dem
Münchner Prinzregententheater vom 02 .Sep-
tember 1963 mit Ingrid Bjoner als Elsa und Hans
Hopf in der Titelrolle. Wagner ist der erste unter
den Lieblingskomponisten der Familie. Fast alles
aus dem Bereich U-Musik ist dagegen ein Graus
für die Ohren. So erklären sich ihr Bayreuth und
der Besuch von Inszenierungen an der Staatsoper

unter den Linden und der Deutschen Oper an der Bismarckstraße.

Sie schwimmt eine große Runde, verharrt, dreht sich auf den Rücken, sieht am Himmel das Schreiadlerpaar, das zurückgekehrt ist und seinen Horst bezogen hat.

Auch wenn Berger um die Aufgaben seiner Frau weiß, um ihren Dienst, empfindet er ihn dann lästig, wenn er sie bei großen Reisen im Damen- oder Herrenprogramm begleitet. Es gibt mittlerweile eine zunehmende Zahl von Ministerpräsidentinnen.

Nachdem Angela kalt geduscht, sich in der Sauna im Keller erwärmt, sich umgezogen hat, genießt das Paar ungestört die Ruhe auf der Terrasse. Sie studieren die „Zeit" und den neuen „Spiegel". Nicht ungewöhnlich sind Spekulationen über die „Schwesterparteien", weiter zerstritten wie die Kesselflicker, der Zank von SPD und Jusos und die neuen Ideen der Grünen, die zur zweiten Kraft geworden, auf ihre Chance warten.

Das Ehepaar amüsiert sich über die Spökenkikereien zu Angela O.´s Zukunft. Dabei müssen die Auguren nicht spekulieren. Sie hat gesagt, was gesagt werden sollte, sie wird die nächsten Jahre bleiben.

Das Smartphone bleibt ungenutzt. Es klingelt an der Tür. Wagner öffnet.

Unerwartet kommen Yvonne und Mike vorbei. Sie wollten nicht lange stören, sich nur für den Streit in der vergangenen Nacht entschuldigen.

Das sei ein wenig „aus dem Ruder gelaufen" und nicht so gemeint gewesen. Klar, sie machten sich Sorgen, wie viele hier.

Sie haben „Tante-Christa´s-Torte" nach Schwarzwälder Art mitgebracht, mit den üblichen Kommentaren zu den Gewichtsproblemen.

Angelas Mann hat sich auf eine Hängematte im Garten zurückgezogen und hört über Kopfhörer Richard Strauß.

DIE VERSCHWORENE GEMEINSCHAFT: KEIN WORT NIRGENDS

Bei allen Differenzen fühlen die Leute im Dorf und die Prominente mit ihrem Mann sich zusammengehörig, eine stillschweigende Übereinkunft.

Es wird nicht getratscht. Im Haus am See bleibt man unbehelligt. Es wurde nicht groß darüber gesprochen, wenn das Paar mal einen Ausflug mit dem Rad unternahm oder spazieren ging.

Sollen sie doch. Es ist ihre Sache. Andere wünschten sich auch keine Gaffer am Gartenzaun.

Gäste in der einzigen Ferienwohnung im Ort

erfahren nichts. Und Besucher des Kunsthofes wissen nicht, in welchem Haus Angela O. lebt.

Es gab viele Versuche der Medien, das Privatleben der prominenten Familie zu erkunden. Alle Mühen sind gescheitert. Fernsehteams erhalten bei Annäherung Drehverbot.

Gelangten Fotografen Aufnahmen des Anwesens in der Totalen mussten die Bilder auf der Stelle gelöscht werden.

Als ein kleiner pfiffiger Journalist versuchte, in Windeseile den Zaun des Grundstücks zu überwinden, landete er Sekunden später zurück auf dem Boden der Tatsachen, danach beim Verhör mit der Folge einer Anzeige wegen Hausfriedensbruchs.

Die Einheimischen empfanden Störungen als unangenehm. Sie wollten nicht als Hinterwäldler begafft werden. Sie fühlten sich wie Exoten für Städter. Alle Versuche von ihnen etwas über Angela O. zu erfahren wurden schroff abgewiesen, wie auch die Angebote von Honoraren für Informationen. Die Leute im Ort waren unbestechlich.

Vor vielen Jahren hatte einer der Dörfler einem Fernseh-Journalisten ein Interview gegeben. Bei der Ausstrahlung war das Material in Bild und Text zerstückelt worden. Die Einheimischen waren darin als dummes Landvolk dargestellt worden. Das war ihnen eine Lehre. Wer heute klingelt wird schroff abgewiesen.

ZURÜCK ZUR NATUR:
VON DER SEHNSUCHT DER STÄDTER

Angela O. begegnet dem Widerspruch zwischen den neuen Zugezogenen und den Ansässigen. Dieser Konflikt hat sich nach dreißig Jahren Einheit verstärkt. Julie Zeh hat ihn als Konfrontation in ihrem Roman „Unter Leuten" zugespitzt beschrieben, eine Geschichte, die in einem TV-Dreiteiler mit prominenter Besetzung verfilmt wird.
Versuche einer Annäherung sind schwierig. Ob sie mit dem Zuzug von Stadtleuten gelingen kann?
Die Landlust Herausgeberin einer Gartenzeitung erkannte den Trend als erste. Sie kreierte eine Zeitschrift, die in vielen Varianten kopiert wurde. Es war ein neuer attraktiver Markt.
Die Gründe für dieses „Zurück zur Natur", zunächst für eine bürgerliche Klientel gedacht, waren Zeichen gesellschaftlicher Veränderungen, die viele betrafen. Dazu gehörten zunehmende Belastung durch erzwungene Gewinnmaximierung großer Unternehmen mit Ausbeutung der Arbeitskräfte und gleichzeitig die Furcht vor dem Verlust der Arbeit, Lärm und Abgase in den Städten, stets ansteigende und dann unbezahlbare Mieten, Verdrängung in die Randbezirke, die zunehmende Kluft zwischen Arm und Reich, Burnout.
Es folgten Umzüge in die Speckgürtel der Städte.
Bedeutsamer für die große Veränderung der

Struktur ist die Verweigerung des bestehenden Systems. Vor drei Jahrzehnten hatte es die ersten Aussteiger gegeben. Jetzt kommen viele hundert. Sie wollen raus. Die einen sind die Sommergäste mit Aufenthalt von Frühjahr bis Herbst. Die anderen bleiben. Sie leben fortan neu. Zu ihnen gehören Schriftsteller, Schauspieler, Regisseure, Kameraleute, Fotografen, Maler und Bildhauer. Dazu kommt ein Heer von Irgendwie-Leuten die sich als Geringverdiener niederlassen. Sie gründen Wohngemeinschaften und Genossenschaften, kaufen die lange verschmähten Platten, rücken zusammen, entdecken ihre verborgenen Fähigkeiten, werden kreativ. Überall wird gewerkelt, geschnitzt, gemalt, Schmuck entworfen, Marmelade eingekocht, Obst und Gemüse verkauft.

In Künstlergemeinschaften treffen sich viele, die hier draußen erst ihre neuen Berufe entdeckt haben. In ehemaligen Schulen und Gasthäusern eröffnen Galerien. In Kirchen und Gemeindehäusern gibt es Lesungen und Konzerte vieler Künstler, die gerne aufs Land reisen um zu gastieren. Oft folgen sie den ersten Generationen der neuen Landleute und werden selbst sesshaft.

Ausflügler aus der Stadt kaufen alles was Bio ist oder sein könnte, immer regional. Eier, Hühner, Enten, Gänse, Lamm vom Bauern. Für daheim dekorative Kunst, geschnitzt, gedrechselt, getöpfert. Dazu Burg, Schloss, Straßen Marktplatz Mittelalter

Ritterfeste, belebt von Marketenderinnen, Zaube-
rern, Landsknechten, Bänkelsängern, unter ihnen
einheimische Handwerker, Bauern und Hausfrau-
en, die ihre Lust am Spiel entdeckt haben. Wo nach
1990 alles verschwunden war, werden Chöre und
Tanzgruppen gegründet. Es gibt wieder Dorfläden.
Im Uckermark Kurier hat sich die Zahl der Hinweise auf Veranstaltungen zwischen Prenzlau und
Bernau vervielfacht.

DER WEG ÜBER DAS MEER: TROTZ
ABRIEGELUNG NEUE FLÜCHTLINGE

Salbert meldet sich auf dem Smartphone. Er wolle
kurz darüber informieren, es sei schon wieder ein
Schiff mit Flüchtlingen unterwegs. An Bord 150
afrikanische Flüchtlinge. Rom verweigert die Aufnahme. Zuerst sei Malta angelaufen worden. Salbert empfiehlt die kommenden Tage abzuwarten.
Angela O. meint, zu gegebener Zeit lasse sich über
die Aufnahme einer kleinen Gruppe entscheiden.
Berger ergänzt, das werde erneut Proteste der
Rechten zur Folge haben.
Dabei ist das Mittelmeer inzwischen nahezu „Men-
schenfrei". Das bedeutet, es gibt weniger Todesop-
fer. Dafür funktioniert die Jagd auf Schlepperboote
durch Patrouillen vor der Küste Libyens.
Die Flüchtlinge werden an Land zurück gebracht,

in Lagern zusammengefercht, die Männer miss-
handelt, die Frauen vergewaltigt. Verbrechen an
Tausenden.
Offizielle Nachrichten zur Verbesserung der Lage.
Die Parteien in Deutschland, alle, wollen ihre
Wähler nicht vergraulen.

FATA MORGANA

Eine ungewöhnliche Veränderung der Aussicht auf
den See, die sich das Ehepaar zunächst nicht erklären kann. Als träumten sie, aber beide zugleich?
Als erlebten sie eine Luftspiegelung, eine Fata Mor-
gana, der sie sich gegenseitig versichern müssen.
Es sind zwei Schwimmer, die sich dem Bootssteg
nähern. Zunächst vermuten sie, es könnte sich
um zwei der älteren Frauen aus der Nachbarschaft
handeln, denen Angela zuletzt im Hochsommer
des vergangenen Jahres, ein paarmal begegnet war.
Doch das sie Anfang Mai schon im Wasser sein
könnten, erscheint unwahrscheinlich, auch dass
sie direkt zu ihrem Bootssteg kommen würden, ist
ausgeschlossen.

Angela und ihr Mann sind aufgestanden, blicken,
nein, starren angestrengt auf das Wasser. Sie erkennen zwei Personen, die sich nähern, Grund unter
die Füße bekommen, sich erheben, stehen bleiben,

unsicher, ein dunkelhäutiges Paar, zwanzig Meter entfernt.

Die Fremden heben die Hände. Sie winken zögernd, rufen Hallo. Sie sind bekleidet. Er hat einen kleinen durchsichtigen Beutel in der Hand, den er aus dem Wasser herauszuhalten versucht.
Ängstlich, zögernd, Schritt für Schritt nähern sie sich dem Ufer, an dem sie von Angela und ihrem Mann erwartet werden.
Angela O. ist unsicher, von der Situation überrascht. Sie winkt sie heran:
Kommen Sie, come on!
Auch Angelas Mann hat seine Starre überwunden:
Hol sie heraus. Sie frieren sich tot. Ich laufe und hole Handtücher und Bademäntel.
Berger kehrt schnell mit ihren, seinem und Angelas Bademantel, zurück, reicht sie den beiden.

Die Fremden trocknen sich ab, ziehen, zitternd vor Kälte, die Bademäntel über, sagen dabei schüchtern:
Dankeschön. Dankeschön.
Die Frau:
Guten Tag.
Angela O.:
Sie sprechen deutsch?
Die Frau:
Etwas Deutsch.

Angela O.:
Das ist gut.
Angela O. zu Berger:
Sie müssen dringend etwa heißes zu trinken bekommen. Bitte schenk ihnen Tee ein.
Ich schaue nach Sachen, die sie anziehen können. Von dir die Cordhose für die Gartenarbeit. Bist du einverstanden?
Berger:
Klar. Und vielleicht einer von den alten Pullovern, dazu eine Jacke.

Eine unerwartete Situation. In den Zeiten der Diskussion zur unverzüglichen Abschiebung von Flüchtlingen ohne Aufenthaltsgenehmigung, der Inhaftierung von Ausländern, bereits bei geringen Delikten, schaffen es zwei Afrikaner auf das Grundstück am See.

Bisher weiß niemand von diesem Vorfall. Er würde die Rechtpopulisten der AFD in ihren Forderungen bestärken. Die anderen Parteien suchen gemeinsame europäische Lösungen. In der EU gibt es die Tendenz zu scharfer Abgrenzung, nach der Flüchtlinge in ihren Herkunftsländern bleiben oder in Nachbarstaaten geschickt werden sollen.
In Deutschland wird nach einer Regelung gesucht, bei der politisch Verfolgten Aufnahme gewährt wird.

ANKUNFT UND ERSTE HILFE

Angela O. und ihr Mann agieren spontan. In diesen
Minuten bleibt ihnen keine Zeit zum Nachdenken.
Angela O. ist mit einem Stapel Garderobe zurück,
sortiert sie, alles muss schnell gehen, hält sie den
beiden an, spricht dabei mit ihnen.
Angela O.:
Verstehen sie uns?
Der Mann:
Ja, wir verstehen und sprechen.
Angela O.:
Woher kommen Sie?
Hassan:
Aus Mali. Wir lebten über Jahr in Flüchtlingsheim.
Berlin.
Kalima:
Und keine Hilfe.
Wollen bleiben.
Hassan:
Immer nur warten.
Kalima:
Wollen nicht mehr warten.
Angela O.:
Wie sind sie hierher gekommen?
Hassan:
Mit der Eisenbahn und danach zu Fuß gelaufen.
Berger:
Woher kannten, wussten sie unsere Adresse?

Kalima:
Aus Zeitung und Buch.
Angela O.:
Aber es ist weit.
Hassan:
Ist nicht weit. Andere, die bei Zugstation wohnen, wussten auch.
Kalima:
Ich bin Kalima.
Hassan:
Ich bin Hassan. Wir haben Papiere. Wir zeigen. Nachher zeigen wir ihnen.
Hassan verweist auf einen kleinen Plastikbehälter.
Angela O. zu Hassan gewandt:
Sehr gut. Wir werden sie später anschauen. Sie müssen sich erst einmal umziehen. Ich bringe sie ins Haus.

MAHLZEIT – GERMAN FOOD

Angela O. zu Berger:
Schau doch bitte mal, was wir zum Essen anbieten können.
Berger:
Wir wissen nicht, ob sie unsere Speisen kennen. Ich habe am Morgen für heute Mittag eine Suppe gekocht. Das Kaninchen war sicher für den Abend gedacht.

Angela O:
Wir können es versuchen.
Berger:
Es ist vorbereitet. Muss es nur auf den Herd stellen.
Angela O. führt die beiden Fremden ins Haus.

Angela O. hat vor kurzem eine Reise durch afrikanische Staaten absolviert. Auf ihrer Route lag auch Bomako, die Hauptstadt Malis. Ihre Botschaft war klar – die Flüchtlinge sollen im Lande bleiben. Dafür wird Deutschland Millionen in den Aufbau der Wirtschaft vor Ort investieren. So können auch Ausbildungsplätze für Jugendliche entstehen. Als Sofortmaßnahme gilt die Rücknahme von Jugendlichen, die in Deutschland angekommen sind, keine Chance auf einen Flüchtlingsstatus haben. Als Ergebnisse der Reise sind erste Erfolge gemeldet worden, das heißt großzügige finanzielle Anreize und Rückflug.
Der Tisch wird eilig mit Tellern, Gläsern, Wasser und einer Karaffe gedeckt.

Hassan und Kalima kommen zurück. Sie tragen Teile der schnell zusammengesuchten Kleidung, für die schmale Kalima zu groß, für Hassan zu lang.
Angela O. und Berger sitzen am Tisch.
Hassan übergibt die Dokumente, die er in der wasserdichten Plastikhülle mitgebracht hat.

Hassan:

Bitte hier, sehen sie.

Das sind unsere Papiere, Ausweise und Dokumente von Ämtern. Auch Anträge für wir können bleiben.

Angela O. übernimmt, beginnt zu blättern und zu lesen, zwischendurch zu Hassan und Kalima gewandt:

Setzen sie sich bitte.

Angela O. reicht die Schriftstücke an ihren Mann weiter. Berger und sie lesen.

Angela O.:

Auf den ersten Blick scheinen die Unterlagen vollständig. Interessant. Sogar Dokumente zum Beruf. Kein Hinweis auf ein Bleiberecht.

Berger:

Das sollten wir noch überprüfen.

Wagner erscheint, bleibt überrascht stehen, erkennt die Situation. Irritiert weiß er nicht, wie er sich verhalten soll, ruft halblaut, erschrocken:

Oh, Entschuldigung!

Er will sich umwenden und zurückziehen. wird von Angela O. entdeckt, die ihm zuruft:

Wagner, wir haben überraschenden Besuch.

Das sind Hassan und Kalima aus Bamako in Mali.

Den beiden gegenüber erklärt sie:

Und das ist Herr Wagner, unser Assistent im Haus. Er lebt hier. Er kann ihnen helfen wenn sie Fragen haben.

Wagner erschrocken:

Aber ich habe sie gar nicht bemerkt.

Berger:

Das konnten sie nicht. Die beiden haben einen ungewöhnlichen Weg gewählt. Wir erklären ihnen das später.

Angela O.:

Wichtig ist vor allem, die beiden sind von niemandem gesehen worden. Sie Wagner sind jetzt, außer uns, der Einzige. Diese Geschichte muss vertraulich bleiben. Kein Wort zu anderen. Sie können mit Hassan und Kalima sprechen. Sie verstehen deutsch. Wir werden erst einmal klären, was geschehen soll.

Ist das klar? Ach ja, kümmern sie sich bitte um die Suppe auf dem Herd.

Wagner nickt, niemand werde von ihm etwas erfahren, verlässt den Wohnraum.

Angela O., wendet sich an Kalima:

Sie sind Ärztin?

Kalima:

Ja in Kinderkrankenhaus. Durfte nicht mehr arbeiten weil für Frauen jetzt verboten und wir Muslims.

Hassan:

Wir mussten fort.

Angela O. zu ihm gewandt:
Und sie?
Hassan:
Ich habe gearbeitet als Anwalt, dann keine Arbeit
mehr.
Angela O. zu Berger und den beiden:
Das alles sieht gut aus. Wir werden überlegen, welche Möglichkeiten es gibt.
Hassan:
Ich kann arbeiten für Flüchtlinge, sie beraten.
Kalima:
Und ich im Krankenhaus oder Kindergarten.

Wagner kehrt zurück, serviert, schöpft Suppe aus
der Terrine, füllt die Gläser mit Wasser.

Angela O. zu den beiden Gästen:
Sie haben sicher lange nichts gegessen.
Sie können probieren. Vielleicht schmeckt es
ihnen. Wir essen die Suppe gern.
Wir haben sie zubereitet. Eine Spezialität.
Die beiden beugen sich über die Teller, riechen
daran, lehnen sich zurück.
Hassan:
Wir können das nicht essen.
Auch im Heim gibt es nicht solches Essen.
Kalima:
Danke aber. Ist nicht für uns. Danke. Wir das nicht
kennen. Entschuldigung.

Die beiden stehen auf, gehen nach hinten. Verschwinden.
Berger:
Na bitte. Wir hätten es wissen müssen.
Angela O.:
Vielleicht ist es das Fleisch, Schweinefleisch?
Berger:
Auf solchen Besuch waren wir nicht vorbereitet.
Mir schmeckt es.
Die beiden essen, schweigen.
Nach einer Weile fragt Berger, der sie bei der Afrikareise nicht begleitet hat:
Was hat es denn bei deiner Reise nach Bamako und durch die anderen Länderei gegeben?
Angela O:
Meist europäische Küche, im Senegal französisch geprägt.
Alle wollten das Beste bieten. Viel Fisch, Hummer, Kalamaris und Austern, köstlich. Sie tafelten auf und wollten uns beeindrucken. Festmahle zu den Verhandlungen.
Berger:
Nichts Typisches?

Angela O tippt unterdessen auf ihr Handy ein.
Sie liest vor:
Hier afrikanische Küche. Zum Beispiel: Huhn mit Oliven, Coscous mit Rosinen und Mandeln. Oder hier: Fischpfanne. Das wäre es.

Berger:

Gut, ich könnte runter zum Fischer fahren und für Cocous muss ich wohl in die Stadt.

Beides sollte nach ihrem Geschmack sein.

Angela O:

Das kann Wagner erledigen.

Ich versuche es zuvor mit einer Kürbistarte. Hab ich eingefroren in der Truhe. Einkaufen können wir später. Wir sollten erst einmal die nächsten Schritte überlegen. Was soll werden?

Angela O. berichtet von ihrem Besuch in Mali, einem seit langem zerissenem Land, in dem deutsche Soldaten stationiert, sich um Stabilität mühen. Zum Empfang der deutschen Delegation war farbenprächtige Folklore mit Tanz und Musik geboten worden. Die Regierung hatte nur einen Teil des Landes unter Kontrolle, während große Bereiche von radikalen Islamisten, Anhängern der Sharia, kontrolliert wurden, Gebiete aus denen es Berichte über Hinrichtungen, sexuelle Gewalt und Kindersoldaten gab.

Die deutschen Botschafter und Mitglieder von Hilfsorganisationen berichteten in Bamako über grassierende Korruption, Bestechung, organisierte Kriminalität, Entführungen und Lösegelderpressungen.

Viele Millionen Entwicklungshilfe erreichten ihr Ziel nicht, es heißt, sie füllten selbst die Taschen

von Regierungsmitgliedern.
Entwicklungshilfe, wie das Angebot zum Bau einer Schule für junge Mädchen und Unterkünfte war nur mit direkter deutscher Hilfe möglich. Das Geld dafür musste in mehreren Tranchen direkt ins Land gebracht, kontrolliert und von deutschen Fachleuten investiert werden.

Das zweite Gästezimmer, direkt neben Wagners Refugium, wurde von Angela O. mit Möbeln ihrer Eltern eingerichtet, einem Sekretär, zwei kleinen Sesseln aus den fünfziger Jahren mit einem Tisch. An den Wänden ein ovaler Spiegel, daneben ein Gemälde des Dresdners Peter Herrmann. Das Bild mit dem Titel „Tod eines Clowns" zeigt eine Berliner Stadtlandschaft, mit drei Zirkuswagen am Ufer der Spree, in der Mitte die liegende Gestalt eines Clowns. Im Hintergrund, auf der anderen Seite des Flusses Andeutungen von Industrie, einer Mauer und eines Turmes. Angela O. hatte das Bild zu DDR-Zeiten in der Berliner Galerie „Arcade" erworben.
Zum schlafen steht an einer Wand des Zimmers ein Metallbett, gegenüber ein Sofa, Platz für zwei Gäste.

Kalima und Hassan unterhalten sich auf Bambara, außer dem amtlichen Französisch und vier anderen Dialekten der Hauptsprache der Malinesen.

Ihre Unterhaltung wird nur sinngemäß wieder
gegeben.

„Haben wir sie enttäuscht? Ob sie uns verstehen?"
„Wir konnten das nicht essen. Ein Gericht mit
Schweinefleisch."
„Sie wussten es nicht."
„Sie hätten uns fragen können."
„Es war und ist alles überraschend für sie."
„Wir soll es jetzt weitergehen?"
„Wir werden ihnen unsere Papiere zeigen."

Das deutsche Ehepaar berät sich. Die beiden Gast-
geber wider willen versuchen sich der Situation
bewusst zu werden.
Berger:
Die Fakten – wir haben zwei Afrikaner aus Mali als
ungerufene Gäste in unserem Haus.
Angela O:
Die nach einem Jahr in einer Unterkunft aus Berlin
hierher gefunden haben.
Berger:
Sie sind vermutlich Muslime.
Angela O.:
Sie sind gut vorbereitet, haben ihre Papiere in die-
ser kleinen Plastikhülle dabei.
Berger:
Beide sprechen ordentlich Deutsch. Haben Berufe,
die Voraussetzungen für eine Integration böten.

Angela O:
Es scheint eine Möglichkeit, auf den ersten Blick.
Berger:
Unmöglich. Würde dieser spezielle Fall bekannt, bedeutete das einen Aufschrei von allen Seiten.
Du bietest afrikanischen Flüchtlingen Zuflucht, nein, ausgeschlossen.
Angela O.:
Sie sind sympathisch, zeigen Initiative. Ihre Odyssee zu uns spricht für sie.
Berger:
Keine Odyssee sondern ein gut vorbereitetes Unternehmen. Sie zwingen uns etwas zu unternehmen.
Angela:
Wir sollen aktiv werden.
Berger:
In letzter Konsequenz bedeutet das Abschiebung. Das heißt Seebacher müsste eingeweiht werden.
Angela O.:
Das wäre notwendig. Wir kennen die Folgen.
Angela O. und ihrem Mann bleibt keine Zeit. Niemand im Dorf darf etwas erfahren. Allein Wagner weiß um die Gäste. Die beiden dürfen das Grundstück nicht verlassen. Kalima und Hassan sind mit ihrer Ankunft zu Gefangenen geworden. Nicht einmal vier Jahre früher und sie wären willkommen gewesen.
2015 entstanden Fotografien, die in Erinnerung

bleiben werden. Angela O. inmitten von lachenden Männern oder zusammen mit Kindern. Im Fernsehen die Szene mit einem Mädchen, dessen Familie nachträglich die Einreise gewährt wurde. Heute bedarf es großer Anstrengungen Flüchtlinge vor der Abschiebung zu bewahren. Einzelfälle, die zufällig bekannt werden. Für die beiden im Haus am See scheint das unmöglich.

Kalima erscheint mit einem Handy in der Hand. Sie geht zur Seite, tippt schnell eine Zahlenkombination ein, hat sofort Empfang, spricht, aufgeregt, so als erzähle sie ihre Geschichte, unverständlich für die Gastgeber.

Angela O. und ihr Mann beobachten sie. Berger ist aufgeregt, erfasst die Situation, erkennt die Gefahr.
Berger:
Wir haben keine Ahnung, mit wem sie spricht. Wieso hat sie überhaupt ein Handy?
Angela O:
Sie hatte es sicher auch in diesem kleinen durchsichtigen wasserdichten Beutel.
Berger:
Das geht nicht.
Wer weiß, vielleicht informiert sie ihre Bekannten im Heim, ruft sie alle hierher und wir haben nicht zwei sondern ein Dutzend und mehr Besucher.
Kalima spricht noch weiter.

Berger:
Wir erfahren nichts.
Kein Wort.
Eine unmögliche Situation.
Angela O:
Eine Dolmetscherin wäre gut.
Berger:
Eine Dolmetscherin hier draußen?
Nein. Sie muss uns das Handy geben.
Kalima beendet das Gespräch.
Angela O.:
Mit wem haben sie telefoniert?
Kalima:
Mit Zuhause. Mit meiner Mutter.

AUF MESSERS SCHNEIDE

Berger geht auf sie mit ausgestreckter Hand zu:
Geben sie mir das Telefon!
Kalima:
Nein, ist mein Handy. Ich will telefonieren. Mit zu
Hause und mit Freunden.
Berger:
Sie können kein Handy benutzen. Hier. Ist verbo-
ten. Verstehen sie.
Kalima:
Nein, nicht verboten hier. Mein Handy. Alle haben
Handy. Alle sprechen.

Berger versucht ihr das Handy zu entwinden.
Hassan geht dazwischen – rangelt sich vor seine Frau. Der Afrikaner hält ein Messer in der Hand.
Berger weicht zurück.
Berger hat damit nicht gerechnet ruft laut:
Ein Messer. Sie haben nicht nur ein Handy, sie haben ein Messer dabei.

Hassan ruft erregt:
Du kannst das nicht wegnehmen, uns. Nicht wegnehmen uns.
Angela O. mischt sich ein und geht dazwischen:
Halt. Sofort. Schluss. Zurück. Hört auf. Mit Gewalt erreicht ihr nichts.
Sie wendet sich zu Berger, stellt sich vor ihn, bittet ihn:
Lass mich mit ihnen reden.
Berger:
Ich hole unseren Posten von draußen herein. Der kann sie in Schach halten.
Angela O.:
Auf keinen Fall. Dann wird es nur schlimmer.
Wir müssen das so lösen.
Angela O. spricht beruhigend auf Hassan ein:
Hassan, es ist in Ordnung. Alles wird gut. Ihr könnt das Handy behalten.
Hassan klappt das Messer zusammen.
Hassan:
Wir alle haben Messer, alle im Heim, für Streit und

wenn draußen passiert etwas gegen uns.

Angela O. wendet sich zu Kalima und Hassan:

Es ist nicht gut. Sie dürfen nicht mit Freunden telefonieren. Nicht mit Freunden in Berlin. Nicht mit ihrer Familie.

Wir wollen ihnen helfen. Niemand darf das wissen, verstehen sie?

Hassan:

Ja. Nicht telefonieren mit Berlin. Einverstanden dafür sie uns helfen, ja?

Rosenkranz:

Das war nicht vorauszusehen.

Güldenstern:

Ist doch übertrieben.

Rosenkranz:

Mittlerweile sind alle damit ausgerüstet, stechen bei Auseinandersetzungen aufeinander ein. Die neuen Nazis auf die Fremden, die Heiminsassen untereinander in den Ankerzentren.

Die Flüchtlinge tragen dort ihre Kämpfe aus.

Die Zeitungen berichten von Familienfehden, von Morden aus Eifersucht und von Familientragödien. Ein Jugendlicher ersticht seine Freundin, andere bringen unehrenhaft abtrünnige Töchter und Schwestern im Auftrag der Familie um.

Güldenstern:

Es entsteht der Eindruck als erfüllten sich die wirren Prophezeiungen von Leuten wie Ulfkotte und Sarazzin.

Rosenkranz:

Wir reden von Fakten. Jeden Tag Nachrichten darüber wie Ausländer und Deutsche aneinander geraten, zwischen Rostock, Cottbus, Wurzen, Dortmund und Wasserburg.

Güldenstern:

Und wir reden von Hassan, der im Streit ein Messer gezückt hat.

Rosenkranz:

Wo sind die beiden eigentlich?

Güldenstern:

Dort kommen sie.

Sie haben zwei kleine Teppiche dabei, Läufer aus dem Zimmer von Angela.

Rosenkranz:

Und mit der Plastiktasche, in der sie Handy und Messer aufbewahren.

Güldenstern:

Sie wollen beten.

Kalima und Hassan gehen auf den Bootssteg, rollen die Läufer vorn auf der kleinen Plattform am Ende aus, gehen auf die Knie, beten.

Berger:

Sie sind vorsichtig, misstrauen uns und haben nach dem Zwischenfall gestern Handy und Messer dabei.

Angela O.:

Dennoch habe ich das Gefühl, sie warten auf eine positive Nachricht von uns.

Berger:
Bis dahin keine Aktivitäten. Selbst von den Flüchtlingen hier in der Nähe wissen sie nichts Näheres.
Angela O.:
Bei aller Vorsicht sehe ich eine Möglichkeit, wie wir sie zurück bringen können.
Wir versprechen ihnen Arbeit. Erzählen ihnen von Job-Angeboten.
Sie in der Kinderklinik der Charité, er in einer Anwaltskanzlei.
Berger:
Wie soll das gelingen?
Angela O.:
Wir stellen Kontakt zum Chefarzt in der Charité her. Er bestätigt die Verbindung zu uns.
Berger:
Und der Anwalt?
Angela O.:
Dafür können wir Karwitzki gewinnen – er spielt mit, wenn wir ihm erzählen, was wir planen.
Berger:
Sie werden dir misstrauen.
Angela O.:
Nicht wenn wir Telefon- und E-Mail-Kontakte herstellen.

DER WEG NACH EUROPA UND IN DIE ABSCHIEBEHAFT

Kalima und Hassan erzählen. Die Lebensverhältnisse in Mali waren von Armut, Arbeitslosigkeit und Gewalt geprägt. Muslime hatten sich den neuen strengen Regeln zu unterwerfen. Frauen war Arbeit verboten. Sie mussten sich mit Burkas erhüllen. Rechtsanwälte wie Hassan verloren ihre Tätigkeit. Fortan galten die Gesetze der Sharia.
Weite Strecken bis zur Küste konnten die beiden auf Lastwagen zurücklegen. Sie hatten genug Ersparnisse, auch durch den Verkauf ihres Hauses. Eine hohe Summe zahlten sie an die Schlepper, deren überfülltes Boot seeuntüchtig sank. Um sie herum die verzweifelten Schreie der Menschen. Sie hatten Glück.

Ein Frachter nahm sie an Bord, brachte sie nach Italien, von dort aus war es einfach, nach Deutschland zu kommen, dem Ziel, von dem Zehntausende wussten.
Die Berichte der großen Flüchtlingswelle von 2015 war über Smartphones auch nach Mali gelangt, Geschichten vom herzlichen Willkommen und der großzügigen Aufnahme. Whatsapp Nachrichten über tausende Kilometer hinweg. Das Bild von Angela O. wurde verbreitet, eine Frau, die verehrt wurde. Sie verhieß Erlösung. Eine Ikone.

Die Wirkung hielt an, auch 2016 und 2017, als Kalima und Hassan sich auf den Weg machten und sich die Situation ins Gegenteil verkehrte.

Kalima und Hassan vertrauten auf die Verheißung, den Weg ins „gelobte Land".

Nach der Ankunft in Berlin folgte die Routine der Aufnahme, bei der sie mit Ausweisen und Dokumenten, im Gegensatz zu vielen anderen, ihre Herkunft nachweisen konnten.

Anschließend die erste notdürftige Unterkunft, ein paar Quadratmeter, getrennt von anderen mit Stoffbahnen. Später folgten ein eigener Raum mit Gemeinschaftstoiletten und Duschen.

Dann der Umzug in einen der neuen Container, die neben- und übereinander gestapelt wurden. Es waren Notunterkünfte für alle, die keine Chance hatten.

Jede Woche fehlten einzelne Flüchtlinge, Paare und Familien. Sie waren im Morgengrauen abgeholt wurden.

Kalima und Hassan wussten, auch ihnen stand die Abschiebung bevor.

Die ungewöhnliche Situation ließe sich für Angela O. und ihren Mann sofort lösen. Draußen vor dem Grundstück stehen zwei Wachleute. Sie sind bewaffnet, könnten die beiden unerwünschten Besucher überwältigen und festnehmen. Trotzdem widerstrebt es den unfreiwilligen Gastgebern die beiden wie Einbrecher zu behandeln.

Sie ahnen, am Ende bleibt nur die Abschiebung.
Sie sind in ihren Gefühlen gefangen.
Sie wissen um die Geschichte von Kalima und Hassan, um ihren langen Weg nach Deutschland, ihre Vorstellungen von einem anderen, einem neuen Leben. Sie wissen auch, die beiden erfüllten mit ihren Fähigkeiten und Sprachkenntnissen die Voraussetzungen. Dennoch ist es ausgeschlossen. Die Stimmung hat sich durch Demonstrationen und Hetzkampagnen aufgeheizt.

TÄGLICHE KONFRONTATION: MISSTRAUEN, GEWALT, ANGST

Zusammenkunft in der Wohnhalle. Wie jeden Abend Zeit für die Tagesschau. Zusammen mit Kalima und Hassan. In der ersten Meldung wird erneut von einer Auseinandersetzung zwischen Flüchtlingen und Deutschen berichtet. Nach lautstarken gegenseitigen Beschimpfungen sollen beide Parteien mit Messern aufeinander losgegangen sein. Es habe Verletzte gegeben. Mehrere Personen seien ins Krankenhaus nach Suhl eingeliefert worden.
Erst betroffenes Schweigen der vier im Haus am See. Hassan meint aufgeregt, zuerst würden die Deutschen die Flüchtlinge beschimpfen und attakkieren.

Angela O. widerspricht. Nichts sei bewiesen. Man müsse abwarten.

Sie hofft, dass sich Chemnitz nicht wiederholt. Dort war ein junger Deutscher niedergestochen und getötet worden, mit der Folge von Demonstrationen.

Sie erinnert sich an ein Telefongespräch vor wenigen Tagen. Strabel von der CDU in Baden-Württemberg hatte ihr von der Stimmung in der Provinz erzählt. Er war zu Besuch bei seinen Geschwistern in Biberach. Das Leben in der idyllischen Kleinstadt habe sich seit seinem letzten Besuch verändert. Jede Woche gäbe es Messerstechereien zwischen Afghanen, Irakern und Syrern. Junge Frauen trauten sich abends nicht mehr auf die Straße. Es herrsche eine Atmosphäre der Angst.

Dazu Berichte aus Kandel. Die Kleinstadt als Kulisse für Rechtsextreme. Der Aufmarsch von eintausend Demonstranten mit Fahnen und Transparenten gegen Ausländer. Vor einem Jahr ist die 15 Jahre alte Mia von ihrem Freund ermordet worden. Abdul aus Afghanistan wurde zu achteinhalb Jahren verurteilt. Alle Gegendemonstrationen für Weltoffenheit und Tolerenz haben nicht genutzt.

Kandel, Chemnitz, Freiburg, Dresden: Aufmarschorte nicht nur für Rechtsextreme, Zustimmung aus der Bevölkerung.

Angela O. als Hassfigur.

DIE ENTDECKUNG DER AFRIKANER

Am nächsten Morgen. Die Stimmung bedrückt.
Kalima und Hassan haben schweigend in der Küche Tee getrunken. Danach haben sie sich wieder auf dem Bootssteg niedergelassen.
Angela O. und ihr Mann sitzen am Frühstückstisch auf der Terrasse, blicken zu den beiden.
Ein unangenehmes lautes schrilles Geräusch, steigt an, ein hohes Sirren.
Eine Drohne nähert sich mit hoher Geschwindigkeit dem Grundstück über dem See, bleibt kurz am Ufer in der Luft stehen, senkt sich, nah, bleibt, steigt wieder leicht nach oben, entfernt sich. Kalima und Hassan rennen vom Bootssteg Richtung Haus. Auch Angela und Berger sind aufgesprungen, Wagner kommt nach draußen gerannt.
Berger und Angela O. rufen:
Schnell. Ins Haus!
Die vier laufen zurück und bringen sich so vor möglicher Gefahr in Sicherheit.

Der Videoschirm ist eingeschaltet. Seebacher erscheint im Bild:
Angela O. hört zu, stellt laut.
Seebacher, aufgeregt:
Sie haben mich nicht informiert. Ich vermute, auch sonst niemanden.
Jetzt wissen es alle.

Angela O.:
Was meinen sie, Seebacher?
Seebacher:
Ich meine ihren Besuch. Ihre Gäste. Flüchtlinge.
Afrikaner?
Angela O.:
Ja, sie sind gestern hier aufgetaucht. Wir haben
sie erst einmal aufgenommen. Heute wollte ich sie
informieren.
Seebacher:
Warum nicht sofort?
Angela O.:
Wir brauchten erst einmal Zeit, wollten mehr er-
fahren.
Seebacher:
Jetzt haben es alle erfahren.
Angela O.:
Vorhin erschien diese Drohne. Wir vermuten, es
war eine Drohne, näherte sich dem Haus und ver-
schwand kurz danach.
Das Ganze hat nicht länger als zwei Minuten ge-
dauert. Wie sollten wir reagieren?
Seebacher:
Mittlerweile weiß es die ganze Welt. Die Bilder von
den Schwarzen werden massenhaft gepostet und
bereits mit Millionen Clicks weiterverbreitet. Mil-
lionen? Was sage ich. Es werden hunderte Millionen sein, eine Sensation. Die deutsche Regierungschefin, Zuhause zusammen mit Flüchtlingen.

Angela O.:
Wir wussten nicht, was hier passiert.
Seebacher:
Als es passierte, haben sie es gewusst. Eine Kamera hat aufgezeichnet, wie sie aufspringen, wie die Afrikaner den Bootssteg verlassen und sie gemeinsam aus dem Bild verschwinden.
Angela O.:
Wir hatten keine Ahnung, was dieses Gerät bedeutete. Es wirkte bedrohlich. Wir mussten uns in Sicherheit bringen.
Niemand hätte uns in dieser Situation helfen können.
Seebacher:
Wann sind diese Fremden gekommen?
Angela O.:
Sie sind gestern hier aufgetaucht.
Seethaler:
Was meinen sie: die beiden sind hier aufgetaucht? Wie war das möglich? Sie sind hier aufgetaucht? Warum sind sie nicht aufgehalten worden?
Angela O.:
Das war nicht möglich. Sie sind durch den See gekommen.
Seebacher:
Waas?
Angela O.:
Ja, sie sind hierher geschwommen und aus dem Wasser gestiegen.

Damit konnte niemand rechnen.
Seebacher:
Das ist absurd, grotesk, leichtfertig.
Uns bleibt keine Zeit. Jetzt gilt: Die beiden müssen
verschwinden. Unverzüglich. Vor aller Augen.
Also keine heimliche sondern eine für alle sichtba-
re Abschiebung. Es muss klar sein, hier hat es sich
um einen einmaligen Vorfall gehandelt. Sie selbst
ziehen die Konsequenzen, greifen unverzüglich
durch.
Angela O.:
Dazu bin ich entschlossen.
Seebacher:
Dennoch bleiben Fragen danach, wie das passieren
konnte, warum das Grundstück nicht genügend
abgesichert ist. Ich spreche mit ihrem Staatssekre-
tär und Salbert. Sorgen sie dafür, dass die beiden
im Haus sind und das Gelände nicht verlassen.
Dabei dürfen sie keinen Verdacht schöpfen.
Angela O.:
Sie vertrauen uns, hoffen auf Anerkennung. Des-
halb sind sie hierher gekommen.
Seebacher:
Und deshalb müssen sie sofort verschwinden.
Angela O.:
Welche Schritte empfehlen sie?
Seebacher:
Es gilt zu retten, was zu retten ist. Das bedeu-
tet: sie müssen jetzt in die Offensive gehen.

Die beiden Afrikaner sollten sofort abgeschoben werden. Öffentlich. Für alle sichtbar als eine Aktion von Entschlossenheit. Keine Prüfung eines Asylantrages oder einer Aufenthaltsgenehmigung.
Angela O.:
Mehr ist noch nicht geschehen. Ein Bleiberecht scheint nicht geplant. Sie warten seit über einem Jahr in Deutschland.
Seebacher:
Umso besser. Darf ich das so in Zusammenarbeit mit Salbert und dem Dicken, Entschuldigung, dem Staatssekretär vorbereiten?
Angela O.:
Wir müssen zuvor offene Fragen klären, auch mit der Juststizministerin über rechtliche Probleme und die Voraussetzungen zur Rückführung. Wie wird die Aufnahme am Zielort vorbereitet? Die Regierung in Bamako ist in Kenntnis zu setzen.
Seebacher:
Ich bitte sie, zögern sie nicht. Jede Stunde bedeutet Komplikationen. Wir müssen handeln. Bevor sich Abschiebungsgegner formieren, bevor Anwälte aktiv werden.
Angela O.:
Er, Hassan, war selbst Anwalt – in Bamako.
Seebacher:
Das fehlt gerade noch. Verhindern sie jeden Kontakt.
Wo waren sie bisher?

Angela O.:
Seit einem Jahr in Berlin mit unterschiedlichen
Stationen. Es sei eine unwürdige Zeit gewesen.

Während Wagner sich im Wohnraum aufhält hat
Hassan die Tür zum Zimmer geöffnet. Er lauscht,
hört das Gespräch zwischen Seebacher und Angela
O., erfährt von ihrer hinterlistigen Täuschung, den
Vorbereitungen für ihre Festnahme und Abschie-
bung.

„Sie haben versprochen, das wir bleiben können."
„Wir sollten Arbeit im Krankenhaus und in der
Hilfe für andere Flüchtlinge bekommen."
„Es war eine Täuschung."
„So wie sie überall lügen, genau wie in Berlin."

Hassan telefoniert hastig mit Bekannten aus dem
Heim in Tempelhof, informiert sie darüber, was
mit ihnen geschehen soll, eine direkte Abschiebung.
Sein Freund Abdullah rät zu baldiger Flucht.
Als sich Wagner nähert hört Hassan gerade noch
rufen, man werde sich für sie umhören, ganz in
der Nähe.

Yvonne und Elke drängen ins Haus.
Wagner versucht sie aufzuhalten, versperrt ihnen
den Weg.

Wagner:
Halt. Nicht weiter. Was wollt ihr?
Yvonne:
Wir wolln ma sehn was hier los is.
Wagner:
Hier ist nichts los.
Elke:
Red nich son Quatsch. Wir wissens doch.
Wagner:
Gar nichts wisst ihr.
Yvonne und Elke versuchen sich seitlich an Wagner vorbei zu drängeln.
Yvonne:
Alle wissens det ihr hier zwee Schwarze versteckt haltet.
Wagner:
Was so geredet wird.
Elke:
Det erzählnse sogar in Fernsehn un Radio.
Yvonne:
Da sinse doch, da drübn. Guck Elke.
Elke:
Ick seh nischt. Lass doch mal Wagner.
Wagner:
Ihr müsst trotzdem gehen.
Yvonne:
Also stimmts.
Angela O. kommt dazu. Sie weiß, auch im Dorf ist es kein Geheimnis. Es werden sowieso alle wissen.

Sie wendet sich an die beiden Frauen:
Ja. Er hat recht. Wir haben Besuch und Bilder davon sind veröffentlicht.
Ich werde das heute erklären. Ich bitte sie erst zu einmal zu gehen.
Yvonne:
Is in Ordnung.
Wir habens jut jemeint.
Wennse Hilfe brauchn, sachen sie Bescheid.
Angela O.:
Danke. Bis später, bis wir das alles aufgeklärt haben.
Yvonne:
Bleibn die denn hier?
Angela O.:
Sicher nicht.
Elke:
Wollten wir doch nur wissen.
Yvonne und Elke entfernen sich.
Yvonne:
Stimmt also doch. Det globste nich.
Elke:
Wenn mers nich jesehn hättn. zwe Flüchtlinge bei ihr.
Yvonne:
Wartmer ma ab, wat det wird.
Elke:
Na, die müssen wieder wech, wie alle wieder wech müssen. Det jeht doch so nich weiter. Un jetzt

kommen och noch die Schwarzn zu uns. Die meistn wolln det nich. Ick will det och nich. Det Volk will det nich. Det muss uffhörn.

Rosenkranz:
Wer ist das Volk? Sie? Die Dresdner Demonstranten oder die in Chemnitz und in Hamburg?

Güldenstern:
Oder waren es die anderen, die einmal in Leipzig demonstriert haben?

Rosenkranz:
Und wen hält Angela O. heute für das Volk? Für ihr Volk? Gibt es dieses „ihr Volk?"

Güldenstern:
Zum Volk der Deutschen gehören ebenso die Demonstranten von Dresden, Pegida Anhänger, pauschal als verbohrte Neonazis verschrien, dumpfbackige Provinzler, AFD-Wähler, Reichsbürger Anhänger der identitären Bewegung über die sich die anderen empören, die von sich behaupten, sie seien das wahre Volk.

Güldenstern:
Sie alle verweigern ihr die Gefolgschaft und hören nicht den Appell zur Vernunft. Selbst wenn sie sich zu Fehlern bekennt, sich für Härte entscheidet und sich zum Handeln entschließt, wird ihr nicht mehr zugehört.

Die Bilder von Kalima und Hassan auf dem Grundstück vor dem Haus am See sind die Sensation in den Medien. Aus Berlin werden dazu Erklärungen erwartet. Pressesprecher Salbert berichtet in einer Schaltung zu Angela O. von einem „Ausnahmezustand", alle Leitungen seien blockiert. Man erwarte Details. Sie empfiehlt zunächst eine undramatische Reaktion. Die näheren Umstände dürften aus Gründen der Ermittlungen noch nicht bekannt gegeben werden.

Angela O.:
Sprechen sie vom unerwarteten Besuch, von zwei Ausländern afrikanischer Herkunft, die sich Zutritt in das Haus am See verschafft haben. Erklären sie, alle Sicherheitsmaßnahmen seien wirkungslos gewesen. Geben sie keine Details preis.
Die Aufnahmen, die überall verbreitet werden, seien von einer Drohne bisher unbekannter Herkunft aufgezeichnet worden.
Als Zeitpunkt der Ankunft nennen sie den späten Nachmittag. Seither habe es intensive Gespräche in freundlicher Atmosphäre gegeben. Die beiden stammten aus Mali. Die Behandlung ihres Falles werde vorbereitet. Nein, besser, sprechen sie von der geplanten Rückführung, ich stünde mit der Botschaft in Verbindung. Die beiden befänden sich gut abgesichert im Haus.
Fassen sie sich kurz. Keine weiteren Nachfragen. Ich werde mich in Kürze selbst melden.
Der Innenminister erscheint auf dem Bildschirm:

Ich habe hier eine brisante Meldung.

Nach Erkenntnissen des BND ist die Drohne von den Russen gesteuert worden.

Sie sollen die Bilder auch ins Netz gestellt haben. Als Aktion der Destabilisierung und bewusste Schädigung ihres Rufes.

Angela O. hält die Aktion der Russen für möglich.

Sie lässt eine Verbindung zu Putin herstellen.

Berger:

Hast du mit einer anderen Aussage gerechnet?

Angela O.:

Nein. Es war zu erwarten. Wobei es ein anderes Szenarium gibt: CIA und KGB arbeiten zusammen.

Berger:

Möglich. Du gehörst nicht unbedingt zum Kreis der Freunde des neuen Präsidenten in Washington. Schließlich hat er dich „irre" genannt.

Angela O.:

Das bedeutet nichts. Es gibt nur wenige, die er nicht beleidigt hat.

Berger:

Außer den Russen, zu dem er enge Kontakte versprach.

Angela O.:

Sollte Putin dahinter stecken, wird er das, wie alles andere, leugnen. Putin hält sich im Kreml auf. Die Verbindung mit ihm ist innerhalb weniger Minuten hergestellt. Angela O. kommt ohne Vorrede sofort zum Thema.

Sie und Putin waren sich bereits in DDR-Zeiten nahe, ohne einander begegnet zu sein. Das wäre nicht ausgeschlossen gewesen. Der KGB-Offizier lebte von 1985 bis 1990 als Agent des KGB in Dresden. Im Fernsehsender NTW erzählte er, sich an die Wärme und Herzlichkeit der Ostdeutschen zu erinnern. Abends ging er gerne auf ein Bier aus. Angela Merkel hätte ihn in der Gaststätte „Zum Thor" treffen können. Putin hat ihr davon erzählt. Es heißt, sie versorge ihn noch heute mit deutschem Bier.

2005 zur Bundeskanzlerin gewählt, trifft sie den Kreml-Chef ein Jahr später zum ersten Mal. Sie können sich fließend auf Deutsch und Russisch unterhalten. Das ist von großem Vorteil. Trotz größter Differenzen konsultiert sie ihn. Die Verbindung zwischen Berlin und Moskau bleibt während ihrer gesamten Zeit als Regierungschefin erhalten.

Sie hat keinen Respekt vor diesem klein untersetzten breitbeinigen Macho, der Russland wieder zur Weltmacht bringen will. Er überschreitet dabei alle Grenzen, so wie er die Krim nach Russland zurück geholt hat und mit der Ukraine einen inoffiziellen Krieg führt. Herausgefordert von Trump führt der Weg zurück in die Eiszeit zwischen Ost und West. Putin verfolgt seine Machtziele zunehmend gegenüber den USA und den Westeuropäern, besonders gegenüber London mit seiner hohen Zahl russischer Emigranten. Aber Deutschland?

Lohnte der Aktionismus wegen zwei Afrikanern mit einer Drohne?

Oder wollte er die Deutsche für ihre Nähe zu Poroschenko strafen?

Dabei geht es dem Russen um mehr, es geht Putin um Verunsicherung und Destabilisierung.

Das Gespräch entwickelt sich, wie erwartet, nach einem bekannten Muster.

Putin leugnet. Er weist die Vorwürfe zurück. Von dieser Aktion sei ihm nichts bekannt. Trotz klarer Hinweise hatte er jede Beteiligung Russlands am Tod der Oppositionellen in London zurückgewiesen.

Angela O. versicherte Putin, sie traue ihm nicht und wolle Beweise liefern. Dabei liegen ihr Details zu den Erkenntnissen der deutschen Ermittler nicht vor.

GSG 9 IM EINSATZ

Das Gespräch wird vom Lärm eines Hubschraubers übertönt. Die große Maschine landet keine hundert Meter vom Haus am See auf der Weide. Aufregung im Dorf. Der Helikopter-Platz befindet sich 15 Kilometer entfernt in Milmersdorf. Ausnahmezustand.

Angela O., ihr Mann und Wagner, aufgeschreckt, überrascht vom Lärm, wollen nach draußen als die GSG 9 Einheit bereits auf das Gelände stürmt, über die Terrasse und den Wintergarten in Haus eindringt. Tatort-Szenen.
Gartenmöbel und ein Regal stürzen um.
Vor dem Haus auf dem Grundstück ein Dutzend schwer Bewaffneter. Rufe. Befehle.
Die Ausgänge sichern.
Das Gelände absuchen.
Geiseln in Sicherheit bringen. Unbekannte Personen festnehmen. Alle Räume, auch in Nebengebäuden. Gesucht wird ein Paar mit dunkler Hautfarbe.
Afrikanischer Herkunft.
Mitten im Chaos bemüht sich Angela O. um Ruhe.
Mit lauter Stimme befiehlt sie das sofortige Ende.
Der Einsatzleiter der GSG 9-Einheit ordnet Ruhe an, erklärt den gegenüber Angela O. den Befehl.
Es bestehe der Verdacht eines Überfalls mit Geiselnahme.
Angela O.:
Welch ein Unsinn.

Auf dem Bildschirm erscheint der Minister, erklärt, er habe das BKA beauftragt. Die Lage sei unübersichtlich nicht einzuschätzen gewesen. Man habe so entscheiden müssen. Man habe befürchtet, die beiden Afrikaner könnten Verbündete vor Ort gehabt haben.

Eine Gefährdung von ihr, ihrem Mann und den anderen Anwesenden sei so durchaus möglich gewesen.

Angela O. versichert, die Aufregung sei unnötig. Dennoch könne sie die Aktion verstehen, auch den Wachmann, der den Alarm mit einem Handy-Gespräch ausgelöst und von drohender Gefahr gesprochen hatte.

Wagner wird in den Wintergarten geführt. Er tobt, schlägt auf den GSG-Einsatzleiter ein. Schreit:

Ein Überfall. Auf mich. Nicht die beiden Schwarzen. Auf mich haben sie es abgesehen. Mich haben sie gesucht. Mich wollen sie wieder einsperren. Ein abgekartetes Spiel. Das werden sie bereuen. Ich habe Verbindungen. Ganz nach oben. Zum Staatsratsvorsitzenden.

Der Einsatzleiter versucht den Tobenden zu bändigen. Zwei andere aus der Einheit packen Wagner. Zu Angela O. gewandt:

Haben sie ihn gesucht?

Angela O. entgegnet:

Nein. Wir suchen zwei Flüchtlinge, zwei Afrikaner. Lassen sie ihn los.

Sie bemüht sich um Wagner, der außer sich, zittert, der meint, der Aufruhr gelte ihm.

Angela O.:

Nein, niemand hat es auf sie abgesehen. Es ist ein

Missverständnis. Sie fahnden nach den Afrikanern, verstehen sie? Sind sie ihnen begegnet?
Wagner schüttelt den Kopf.
Angela O. wendet sich an den Einsatzleiter:
Kann einer ihn nach hinten bringen und auf ihn aufpassen?
Zum Team gehört ein Arzt, der auf Wagner beruhigend einspricht, ihn dann aus dem Raum führt.
Angela O. wendet sich zum Einsatzleiter, fragt:
Haben sie keine anderen Personen gefunden?
Der Einsatzleiter:
Sie meinen die Geiselnehmer?
Angela O.:
Es gab keine Geiselnehmer, verstehen sie das?
Einsatzleiter:
Ich verstehe. Es war im Einsatzbefehl von Afrikanern die Rede, die sich auf dem Grundstück aufhalten sollten.
Angela O.:
Die Suche war ohne Ergebnis?
Einsatzleiter:
Offensichtlich.
Angela O.:
Sie waren im hinteren Gästezimmer – neben dem Bad.
Einsatzleiter:
Sind Personen gefunden worden?
Antworten:
Nein. Außer diesem einen Mann niemand.

Einsatzleiter:
Sie haben alles kontrolliert?
Antwort:
Alles.
Einsatzleiter:
Nebengebäude und Bootsschuppen?
Antwort:
Wir suchen das gesamte Grundstück ab.
Einsatzleiter:
Jetzt die Umgebung.

Die Suche bleibt ohne Ergebnis.
Die GSG 9-Einsatzgruppe zieht sich nach draußen zurück.
Der Einsatz wird beendet. Der Hubschrauber hebt ab, zurück in die Hauptstadt.

Angela O. zu Berger:
Unsere beiden sind fort.
Berger:
Sie hatten Angst. Vermutlich haben sie uns belauscht.
Angela O.:
Sie haben befürchtet sie würden festgenommen und zurück gebracht.
Berger:
Zu recht. Nichts anderes hatten wir vor.

KALIMAS UND HASSANS FLUCHT

Über das Verschwinden von Kalima und Hassan wird seither gerätselt.

Eine plausible Erklärung wäre, den beiden gelingt es bereits bei der Ankunft des Hubschraubers aus dem Haus zu rennen. Hassan hat gerade noch nach dem kleinen Plastikbehälter greifen können. Das Paar flüchtet in Richtung See, findet als Versteck den Raum unter einem Ruderboot, das umgedreht auf der Seite liegt. Als die GSG-Leute den Schuppen öffen, finden sie keine Verdächtigen.

Erst am späten Abend in der Dunkelheit wählen Kalima und Hassan den Weg ihrer Ankunft. Niemand ist auf dem Grundstück zu sehen. Im Haus brennt Licht, hinter dem Fenster im Erdgeschoss sind Angela O. und ihr Mann zu erkennen. In der Dunkelheit lassen sich die Flüchtlinge ins Wasser gleiten. Leicht bekleidet empfinden sie ihre Sachen nicht als schwere Last. Sie entkommen zum anderen Ufer, steigen an Land, orientieren sich an den Sternen, laufen fünf Stunden durch die Nacht, empfangen von drei Jugendlichen aus dem Plattenbau, die sie zu einem deutschen Ehepaar bringt. Es betreibt eine alternative Landwirtschaft, beschäftigt seit langem Flüchtlinge aus Syrien, hilft Neuankömmlingen mit Sprachunterricht, und bei der Suche nach Ausbildungs- und Studienplätzen. Kalima und Hassan sind in Sicherheit.

Sie werden nach der letzten Etappe ihrer Odysee, nach den Strapazen auf dem Landweg zur lybischen Küste, nach der Katastrophe auf dem Meer, der Rettung, der Reise über Italien, dem Jahr des vergeblichen Wartens in Berlin, ihrem Abenteuer zum Haus am See, jetzt mit neuen Papieren in Deutschland bleiben.

DIE ABSCHIEBUNG

Der Innenminister auf dem Bildschirm:
Welche Lösung sollte das sein außer einer konsequenten Reaktion? Die beiden sind entkommen.
Wir schaffen Ersatz. Zwei Landsleute aus Mali, die ohnehin keine Chance haben hier zu bleiben.

Ein Paar, das mit den beiden vom See große Ähnlichkeit hat. Die Aufnahmen mit der Drohne sind ohne dies nicht besonders scharf. Sie werden mit nötigem Abstand von den Medien vorgeführt.

Für ihre Rückführung und einem Platz in Mali werden sie bei ihrer Ankunft großzügig bezahlt. Es wird sich lohnen, um sich vor Ort eine neue Existenz aufbauen zu können. Bei der Abschiebung gibt es keine Möglichkeit zu Fragen. Am besten schicken wir sie in einem Sammeltransport zurück. Ohne jede Kontaktmöglichkeit.

Es ist die Topmeldung nicht nur in der Tagesschau: „Die beiden Afrikaner, die sich am Wochenende unerlaubt Zutritt auf das Wochenendgrundstück Angela O.´s verschafft haben, sind bereits heute Mittag in einem Sonderflug in ihre Heimat zurück gebracht worden. Angela O. erklärte dazu, für alle, die hier einen Aufnahmeantrag auf Asyl stellten, hätten die gleichen Rechte zu gelten. In diesem Fall habe ein Zeichen gesetzt werden müssen. Das Ersuchen der beiden sei nach einem Jahr Aufenthalt in Berlin bereits abgelehnt worden."

In einer Videosequenz wird gezeigt wie eine Gruppe von Asylbewerbern, begleitet von Beamten in Uniform, in ein Flugzeug gebracht wird. Es heißt, unter ihnen befänden sich die Eindringlinge auf dem Grundstück am See.

Am nächsten Tag veröffentlicht die Bild-Zeitung ein Foto der beiden Doppelgänger, deren wahre Identität selbst gegenüber der Redaktion nicht preisgegeben wird.

DER BESUCH BEI ANGELA O.: VERSUCHE EINER ERKLÄRUNG

Im Haus am See herrscht nach der gelungenen Flucht der beiden Afrikaner Ratlosigkeit. Die

Chance sie zu finden wird als gering eingeschätzt. Tausende Flüchtlinge sind in den vergangenen Jahren verschwunden. Sie haben bei Verwandten und Bekannten Unterschlupf gefunden. Viele arbeiten für niedrigen Lohn schwarz, sind Tellerwäscher, Heizer, Hilfspersonal in Wäschereien. Sie meiden die Öffentlichkeit in einer Gesellschaft, in der Zuwanderer unvermittelt selbst nach vielen Jahren abgeschoben werden.

Der Zwischenfall mit dem Erscheinen und Verschwinden des Paares aus Mali war und ist weiter Thema für die Boulevardpresse und für die Rechten, der Beweis für das Versagen eines Staates, der das Flüchtlingsproblem nicht lösen kann.

Unter den Parteien gibt es Bemühungen um eine Beschwichtigung der Situation:
Die Reaktionen in der Öffentlichkeit sind positiv.
Angela O. wird, trotz der Panne für ihre schnelle Entscheidung, Lob gezollt.
Dabei erkennt sie den Widersinn der Aktion, der sie zustimmen muss. Bei der Qualifikation von Kalima und Hassan wäre es keine Schwierigkeit gewesen, für sie sofort Arbeit zu finden.
In Krankenhäusern wie Schwedt und Eberswalde wird dringend Personal gesucht. Heute sind Ärzte, Schwestern, Krankenpfleger zum Teil ohne Sprachkenntnisse beschäftigt. Die Folge sind

Kommunikationsprobleme. Das afrikanische Paar, das aus dem See entstiegen war, besitzt gute Deutschkenntnisse.

Sich für sie zu engagieren hätte für Angela O. das Ende ihrer Arbeit bedeutet.

Die Atmosphäre gegenüber Flüchtlingen war immer aggressiver geworden. Sie hatte sich von Wochen zu Woche verschärft. Gründe war die Zunahme von Delikten, Vergewaltigungen, Morde, Überfälle marodierender ausländischer Jugendgangs. Darüber wird überall berichtet. In Nachrichten, Boulevardzeitungen, Magazinsendungen, Kommentaren. Politiker und Experten werden befragt, Untersuchungen publiziert.

Die Wochenzeitung „Die Zeit" in einem Dossier zur Situation in Freiburg:

„In Freiburg ermordet ein Afghane eine 19-Jährige. Mehrere Männer, überwiegend Syrer, vergewaltigen eine 18-Jährige."

Das Gespräch dazu zeigt Ohnmacht, Angst, Hilflosigkeit.

Von Angela O. war zur Mäßigung aufgefordert worden.

Sie wurde dafür gescholten.

Der Zwischenfall am See galt als Beweis für eine notwendige Verschärfung, wie sie der Baden-Württembergische Innenminister gerade gefordert hatte.

Hysterische Reaktionen in Ämtern und Behörden.

Auch Asylanten, die bereits eine Lehre abgeschlossen haben oder sich in Ausbildung befinden werden in Nacht- und Nebelaktionen einkassiert, abtransportiert, ausgeflogen.

Trotzdem der Unzulänglichkeiten weist Angela O. die Forderungen nach ihrem Rücktritt zurück. Die Suche nach den Verschwundenen werde fortgesetzt.

Sie berichtet über die neuen Maßnahmen, die mit konsequenter schneller Abschiebung in Kraft getreten sind.

Der Innenminister plane zudem so genannte Gefährder, von denen in Deutschland eintausend bekannt seien, in Gewahrsam zu nehmen und unverzüglich in ihre Herkunftsländer auszufliegen.

Sie gesteht Versäumnisse ein, durch die das Verschwinden des Paares möglich gewesen sei.

In einem Beitrag der Tagesschau heißt es:

„Die beiden Afrikaner, die sich am Wochenende unerlaubt Zutritt auf das Wochenendgrundstück verschafft haben, sind bereits heute Mittag in einem Sonderflug in ihre Heimat zurück gebracht worden. Angela O. erklärte dazu, für alle, die hier einen Aufnahmeantrag auf Asyl stellten, hätten die gleichen Rechte zu gelten. In diesem Fall habe ein Zeichen gesetzt werden müssen. Das Ersuchen der beiden sei nach einem Jahr Aufenthalt in Berlin bereits abgelehnt worden."

ZUM HANDELN ENTSCHLOSSEN: DIE ZUKUNFTSPROJEKTE VON ANGELA O.

Zwei Tage nach der Abschiebung in Richtung Mali setzt Angela O. einen neuen Schwerpunkt ihrer Politik, mit dem sie Sympathien gewinnt. Sie unterstützt die Sammelklage von Dieselautofahrern mit ihrer Forderung nach Entschädigung. Zugleich attackiert sie die drei großen Automobilhersteller. Nach langem Zögern bezichtigt sie Manager der Täuschung und des bewussten Betrugs. Es habe sich um eine unverantwortliche kriminelle Energie gehandelt.

Zu ihren Zukunftsprojekten gehört der sofortige Ausstieg aus der Braunkohle. Bevor die Standorte für die nächsten Jahre erhalten bleiben, erhalten die Kumpel Milliarden-Subventionen als Lohnausgleich, verbunden mit der Ausbildung der Jungen in alternative Berufe. Sie ordnet den Erhalt des Hambacher Forstes an. Es ist ein Symbol für den Klimaschutz.
Wie Umfragen zeigen, stimmt mittlerweile der Großteil der Bevölkerung zu.

Rosenkranz:
Ein glimpfliches Ende der Geschichte, mit Konsequenzen, bei denen die Verantwortlichen zur Rechenschaft gezogen werden müssen.

Güldenstern:
Man stelle sich so etwas bei Putin, Trump, Assad, Erdogan, Netanjahu vor, in Moskau, Peking, Teheran, Riad.

Rosenkranz:
Ausgerechnet in Deutschland! Die erste Frau, die Hüterin Europas, die mächtigste Frau der Welt schutzlos ausgeliefert.

Rosenkranz:
Was hätte nicht alles passieren können.

Güldenstern:
Gott sei Dank, es waren nur Flüchtlinge, Verirrte Afrikaner.

Rosenkranz:
Ab jetzt wird das Ferienhaus weiträumig abgeriegelt. Zu Wasser und zu Lande.

Güldenstern:
Mit einer Metallsperre unter Wasser, quer durch den See.
Separat ein zusätzliches Gitter vor dem Grundstück.

Güldenstern:
Sag mal Rosenkranz, haben wir die beiden vom See aus den Augen verloren?

Rosenkranz:
Sie sind und bleiben unauffindbar, untergetaucht, mit neuer Identität, vielleicht in einer Küche auf Hiddensee, die schon früher Zuflucht gewesen ist oder auf Sylt, er als Krankenpfleger, sie als Ärztin

in Templin, ganz in der Nähe von Angela O. möglich sogar, sie sind gleich bei Kirchenleuten, die zu einem Asylnetzwerk gehören, in einem Evangelischen Krankenhaus oder Altenheim verschwunden, mit neuer Identität.

Güldenstern:
Und Wagner?
Rosenkranz:
Seine Festnahme im Haus, der Wutanfall und die medizinische Ruhigstellung haben ihn in seine Vergangenheit zurückgeführt. Er zitiert Parolen vom Ende seines Staates.

Angela O. hat ihre Zukunft geregelt.
Ihre Vertraute Brigitte Scharkow kommt immer wieder zu Besuch. Auch nach den Turbulenzen der vergangenen Monate und Wochen. Sie war und ist die einzige, die ihr absolutes Vertrauen genießt.

Angela O. konnte mit ihr allein über den wahren Beweggrund für ihre Entscheidung sprechen, über den Verlust an Zustimmung, nicht nur „draußen" in der Bevölkerung, die Verletzung durch die wütenden Attacken der Rechten sondern auch den Verdruss in der eigenen Partei. Das alles konnte sie bei zwei Besuchen ihrer Freundin erzählen. Sie verbrachten die Abende zu zweit im Nebenraum der „Kastanie", einem gutbürgerlichen Lokal in der Nähe, das sie schon mit dem Bundespräsidenten aufgesucht hatte. Hier war bei Zander und Wildgulasch mit schlichtem Weißwein die Strategie vorbereitet worden.

Scharkow, die selbst wegen Plagiatsvorwürfen ihr Ministeramt niedergelegt hatte, wusste um die Folgen solcher Entscheidung. Angela O. war entschlossen. Zunächst teilte sie für alle, außer für Scharkow, überraschend mit, den Fraktionsvorsitz der Partei aufzugeben.
Nach dem   Ablauf der Periode wolle sie sich von allen politischen Ämtern zurückziehen. In Deutschland und in Europa. Die folgenden Wochen der Auseinandersetzungen zwischen ihrer Wunschkandidatin, einem konservativen Ehrgeizling und einem von Hass erfülltem Widersacher wartete sie gelassen ab. Sie schaffte erneut einen Spagat um anschließend ihre Regierungsgeschäfte Zuhause weiterzuführen und zugleich weltweit zu agieren. Drei Jahre bis zum Ziel, über das es bislang nur Spekulationen gibt.

ROSENKRANZ UND GÜLDENSTERNS IDEEN FÜR DIE ZUKUNFT

Rosenkranz:
Wir fragen, wie es mit unserer Geschichte weitergeht.

Güldenstern:
Wir bieten zwei Möglichkeiten.
Rosenkranz:
Die erste: Es herrscht Ruhe im Land. Europa ist hermetisch an seinem Außengrenzen abgeriegelt. Mit Mauern, Stacheldraht und Wachtürmen.
Wer sich der Grenze dennoch nähert wird mit Warn- und gezielten Schüssen vertrieben.
Güldenstern:
Im Inneren wird Deutschland durch Rückführung von Flüchtlingen und Asylanten gesäubert.
Rosenkranz:
Bis auf erlesene Spezialisten gilt das Territorium durch den Einsatz von Spezialkommandos als gesäubert.
Rosenkranz:
Milliarden stehen für Sozialleistungen bereit, nicht wie einst für Flüchtlinge und Scheinasylanten sondern für Deutsche.
Die alten Ankerzentren und Unterkünfte für die Fremden, Heime, Turnhallen, Hotels, Wohnungen werden wieder sinnvoll eingesetzt, Nieder gebrannte Flüchtlingsheime neu aufgebaut.
Güldenstern:
Moscheen werden nach und nach geschlossen, Imane überwacht und in die Türkei zurückgeschickt.
Rosenkranz:
Es herrschen Kopftuch und Burkaverbot.

Güldenstern:
Stattdessen die Rückkehr zu nationaler rechter Gesinnung in Gemeinschaft mit anderen europäischen Staaten, der rigorosen Abschiebung von Flüchtlingen, steigenden Wahlergebnissen, trotz Protesten und Demonstrationen gegen die Einschränkung von Meinungsfreiheit.

Güldenstern:
Es fehlt die zweite Möglichkeit mit einem anderen Szenario.
Darin sind alle Maßnahmen der Rückführung von Flüchtlingen und Asylbewerbern gescheitert.
Rosenkranz:
Schlepper haben neue Möglichkeiten der Einreise mit Charterflügen auf entlegene Flugplätze und einem System der Weiterleitung von Flüchtlingen geschaffen.
Güldenstern:
Diese Einreisewelle wäre ohne Chance, würde die deutsche Wirtschaft nicht eine Lockerung der Zuwanderung aus Syrien, Afghanistan, dem Irak auch aus Afrika fordern.
Selbst bei einer gesetzlichen Regelung mit einer Bewährungszeit werden auf dem Schwarzmarkt billige Arbeitskräfte benötigt.
Rosenkranz:
Die Zwanderer werden gebraucht, weil sie nützen.
Ohne sie könnten die Deutschen einpacken so wie

früher Italiener, Spanier, Griechen und schließlich Millionen Türken im Westen und im Osten Fidschis, Kubaner, Vietnamesen Chilenen geholfen haben.

Güldenstern:

Im Osten nutzte das wenig während in der so genannten freien Marktwirtschaft des real existierenden Kapitalismus dank der Fremden Aufschwung West herrschte.

VOR DEM BAMBI: DIE BUNTE ZU GAST

Nach langem Zögern erklärt Angela O. sich zu einer „homestory" in Deutschlands größter Prominenten-Zeitschrift bereit, die plant ihr im November einen Bambi für ihr Lebenswerk zu verleihen.

Angela O. führt sie durch Haus und über das Grundstück. Ausführlich erzählt sie von ihrer Leidenschaft für die Beschäftigung im Garten, die sie von ihrer Mutter übernommen habe. Das Erbe des „Grünen Daumens". Besonders in den Jahren beruflicher Anspannung sei der Garten stets Ort des Rückzugs gewesen.

Anschließend das Gespräch im Wohnraum, aufgezeichnet mit Mikrofon und kleiner Kamera:

Danke, dass wir Sie besuchen dürfen. Die Adresse ihrer Datsche ist kein Geheimnis mehr.

Angela O.:

Sie war nie ein Geheimnis. Sie wurde respektiert. So blieben wir bisher unbehelligt.

Reporterin:

Wie empfinden Sie ihre neue Situation?

Angela O.:

Als Erleichterung. Ich hatte unendlich über meine Situation nachgedacht, zwischen Zustimmung und Ablehnung. Wollte ich mir das wirklich noch einmal zumuten. Jetzt ist die Entscheidung durch andere gefallen.

Reporterin:

Vermissen Sie ihr altes Leben?

Angela O.:

In bestimmter Weise habe ich auch was zu sagen, immerhin haben wir es geschafft, dass das Gesicht der Kanzlerin ostdeutsch ist. Das ist ja schon mal was.

Wer nicht bereit ist in den Kampf zu ziehen, der hat auch kein Recht dieses Land zu regieren.

Reporterin:

Gibt es Entscheidungen, die sie bereuen?

Angela O.:

Ja. Die Worte: „Wir schaffen das." Es war nicht gut und wenn ich könnte würde ich die Zeit um viele, viele Jahre zurückdrehen. Deutschland ist ein weltoffenes Land. Der Islam gehört zu Deutschland.

Und dieser Meinung bin ich auch. Die multikulturelle Gesellschaft ist grandios gescheitert.

Reporterin:

Die Natur, das Leben hier draußen, fernab von der Stadt. Was bedeutet Ihnen das?

Angela O.:

Es ist meine zweite Welt.

Hier finde ich Erholung. Ich habe gewisse kamelartige Fähigkeiten.

Ich habe eine gewisse Speicherfähigkeit.

Aber dann muss ich mal wieder auftanken.

Vor lauter Globalisierung und Computerisierung dürfen die schönen Dinge des Lebens, wie Kartoffeln oder Eintopf kochen nicht zu kurz kommen.

Reporterin:

Welche Pläne gibt es für die nächste Zeit?

Angela O.:

Alles was noch nicht gewesen ist, ist Zukunft, wenn es nicht gerade jetzt ist.

Reporterin:

Welche Prognose haben Sie für Deutschlands?

Angela O.:

Ich kann versprechen, das Brandenburger Tor steht noch eine Weile. Vielleicht wird sich der Wohlstand wandeln aber so, dass wir es nicht als Verzicht erleben werden.

Reporterin:

Noch ein Wort zur Entwicklung in der dritten Welt.

Angela O.:
In Indien gibt es mehrere hundert Millionen Menschen, die sich inzwischen eine zweite Mahlzeit leisten können.

NACH DER UNRUHE NEUE STABILITÄT
ABSCHIEDSGERÜCHTE

Alles scheint sich im Sinne von Angela O. zu entwickeln. Der alte Störenfried und Widersacher Seebacher gibt auf. Von seinem Nachfolger aus München sind solche Stänkereien nicht zu erwarten. Nach der Stabilisierung der Situation in der Union und dem vorläufigen Ende der Spekulationen innerhalb der SPD gibt es Bestrebungen um eine Fortführung der großen Koalition. Die Vorsitzende der Sozialdemokraten hat einen neuen Kurs mit Mitgliederbeteiligung und großen Zielen angekündigt. Angela O. gelingt erneut eine Beruhigung. Sollten ihre Vorstellungen scheitern hat sie die Option zu einer Umbildung mit anderen Partnern.
Angela O. wäre auch nach einem vorzeitigen Ende ihrer Regierung weiter unterwegs, eine gefragte Beraterin, die nebenbei damit beginnt ihre Erinnerungen zu schreiben. Längst liegen Angebote mehrerer Verlage vor. Die Offerten großer Unternehmen aus der Wirtschaft lehnt sie ab. Sie lässt sich

nicht korrumpieren, bleibt sauber, im Gegensatz zu ihrem Vorgänger, der mit Russland den großen Millionendeal aushandelte oder grünen und roten Außenministern, die weltweit kassieren.

Sollte sie ihre Regierung bis zum Ende der Legislaturperiode führen, kursieren längst Spekulationen über die Zeit danach. Es heißt, sie würde zu einem hohen Amt in Europa oder der internationalen Politik berufen werden, in Brüssel oder New York.

Zur Zukunft der Akteure in dieser Erzählung gibt es Spekulationen:

Der ehemalige Innenminister hat seine alten Ämter verloren. Er wurde inzwischen zum Ehrenvorsitzenden seiner Partei und gilt im Freistaat als geachteter ehemaliger Landesvater.

Dem früheren Regierungssprecher bieten sich die Chancen zum Intendanten oder zum Leiter eines Medienkonzerns.

Rosenkranz und Güldenstern verlassen Deutschland. Sie entscheiden sich für die USA. Dort bereitet sich Michelle Obama darauf vor gegen Trump als Präsidentin der Vereinigten Staaten anzutreten.

DER RÜCKZUG: BESUCH IM HAUS AM SEE

Wer sich dem Grundstück nähert wird vielstimmig empfangen. Hinter dem Tor stürmen drei Hunde mit Gebell heran, ein Australien Shepard, ein Berner Sennenhund und ein kläffender hochstimmiger Dackel. Hinter ihnen watscheln Gänse mit ihrer schrillen Empörung über die Störenfriede auf der anderen Seite heran. Zutritt zum Grundstück erhalten Besucher, die sich über eine Videoanlage melden. Entweder Mike, eine der beiden Frauen aus dem Team oder Angela O. selbst bringt die lärmende Gesellschaft in zwei Gehegen unter. Gutwillige Haustiere, die dennoch Respekt einflößen. Freunde, Vertraute, Bekannte werden fröhlich empfangen.

Dabei hatte sie als Landfrau lange ein gestörtes Verhältnis zu Hunden. Vor langer Zeit war sie im Frühjahr bei einem Spaziergang vom Jagdhund des Försters angefallen worden. Die tiefe Bisswunde musste behandelt werden. Die für sie ärgerliche Folge war bei Gefahr der Infektion über Monate ein Badeverbot.

Putin wusste von diesem Zwischenfall und ihrer Furcht vor Hunden. Bei einem Treffen im Kreml versuchte er sie bei einem Gespräch mit einem Riesenköter aus der Fassung zu bringen. Die Aktion misslang. Sie verharrte regungslos bis die mächtige Töle verschwunden war. Er hatte ihre Disziplin unterschätzt.
Viele Jahre später machte sie beim Besuch eines

Malers die Bekanntschaft mit einem jungen Berner Sennenhund, der mühelos ihre Zuneigung gewann. Der Bann war gebrochen.

Das Leben am See hat sich nach dem Ende der nationalen und internationalen Verpflichtungen von Angela O. verändert. Sie hat sich gegen die Hektik für Rückzug und Ruhe entschieden.
Der Tag beginnt mit der Zuwendung zu den Tieren. Freudig begrüßt werden sie gefüttert, danach ein Spaziergang über die Weiden.
Ohne Leinenzwang wirft sie Stöcke, die eilig apportiert werden.
Dabei hat ihr lang erträumtes Landfrauenleben seine Grenzen.
Neben Gartenarbeit und den Tieren, Funktionen, die vom Quartett mit übernommen werden, gibt es Aufgaben und Termine. Dazu gehören Buchprojekte, die sie mit Random House bei weltweiter Vermarktung eingegangen ist. Am Vormittag schreibt sie an ihren Lebenserinnerungen, die hier draußen in diesem Haus beginnen. Den ersten Band ihrer Memoiren widmet sie dem Leben in der DDR.

Zweimal in der Woche wird sie von Jürgen Voigt mit dem Dienstwagen nach Berlin abgeholt, gefolgt von der Security.
Das Auto steht ihr als ehemalige Chefin weiter zu.

Voigt will gerne weiter bei ihr bleiben, zumal sein Fahrerleben mit freien Wochenenden und Tagen ohne Termine angenehmer geworden ist.

Es geht ihm nicht ums Geld, zwischen ihnen besteht, trotz Meinungsverschiedenheiten, ein harmonisches, ein freundschaftliches Verhältnis der Vertrautheit.

Die Voigts haben keine Sorgen

Was sollte Jürgen Voigt ohne sie?

Die Kinder sind aus dem Haus. Die Enkel studieren, der Junge in Berlin, die Tochter in London.

Seine Frau vermietet die Ferienwohnungen, die sie auf dem Grundstück an der Warnow errichtet haben, dazu die Häuser und ein Kulturzentrum in dem alten Schlachthof mit Ateliers, Galerien und einem Saal, in dem Bands üben.

Alle haben zu tun. Alle treffen sich in der Sommerzeit in den beiden großen Zelten am Block K., der nach der Erweiterung des Naturschutzgebietes, ein Stück ostwärts versetzt worden ist.

In der Stadt gibt es für Angela O. lebenslang ein Büro mit Sekretariat, von dem aus Termine koordiniert werden. Sie ist und bleibt beliebt mit hunderten Anfragen, Bitten um Vorträge, um Teilnahme an Konferenzen, Diskussionen, Festen, Geburtstagen.

Das Wochenende gilt als Freizeit, neben Gartenarbeit für lange Spaziergänge durch das

Biosphären-Reservat, in den Buchenwald und zur Teichlandschaft an der Blumberger Mühle, die vor Jahrhunderten von Mönchen angelegt wurde, zu Konzerten nach Neuhardenberg und Prenzlau, auch, neben den Berliner Bühnen, in die Oper nach Cottbus mit bemerkenswerten Inszenierungen. Mit 64 hat sie für sich, zusammen mit ihrem Mann, das Danach beschlossen. Ein „Weiterso" wäre möglich gewesen, ein „Weiterso" bis Siebzig? Sie wollte den hohen Preis nicht zahlen. Es bestand nicht nur die Gefahr der Abwahl und des Verlustes an Lebenszeit.

Trotz der Wochenenden im Haus am See, trotz der Ferien in den Bergen, waren es Monate, die sie zwischen Kontinenten und Hauptstädten in Airbussen und Monate in Beratungen und Sitzungen verbracht hatte. Erst nach ihrem Zeitalter der Politik wollte sie das Träumen beenden, wollte Natur, nicht nur an Wochenenden, wollte nachts die Stürme um das Haus hören, den Regen an den Fenstern, Gewitter aus schieferfarbenen Himmeln, am Morgen ins Freie treten, die Tiere versorgen, mit den Hunden über die Wiesen laufen, durchatmen, Tage im Garten zubringen. Schwimmen und in der Sonne dösen.

Sie will nachlesen, was sie nicht erlebt und wovon sie kaum etwas gehört hat. Sie erfährt, was sich zu DDR-Zeiten, im neuen Deutschland, zugetragen hat. Sie besucht mit Bernd Wagner die sächsische Kleinstadt Wurzen. „Die Sintflut in Sachsen" als Kleine Leute Roman. Mit Uwe Tellkamp betritt sie den bürgerlichen Turm der Familie in Dresden, reist mit Lutz Seilers Crusoe nach Hiddensee und mit Renate Voß deutsch- deutscher Biografie begibt sie sich auf „Fahrten nach Klaushagen". Sie bestellt die drei Ost-West Geschichten „Kaspar Mauser" von Katja Lange-Müller, „Treibsand" von Monika Maron und den Roman „Frei" des früheren Fluchthelfers Burkhardt Veigel und seiner jungen Frau Roswitha Quadflieg.

Aus Mangel an Fakten wird neben der Mär von ihrer Kartoffel-Suppe-Leidenschaft stupide wiederholt. „Die Legende von Paul und Paula" sei ihr Lieblingsfilm, als hätte es nicht vieles andere, wie „Solo Sunny" gegeben. Schon lange kennt sie „Das Leben der anderen", mit dem Oskar ausgezeichnet, die TV-Serie Weißensee und die Komödie „Good by Lenin". Die DDR-Geschichte bietet weiter Stoff genug.

POPULARITÄT, LIEBE, VEREHRUNG

Die Zuneigung für Angela O. hat nach dem Ende ihrer Ämter und Funktionen über alle politischen Grenzen hinweg zugenommen. Bei Veranstaltungen wird sie mit standing ovations begrüßt.

Spätes Lob selbst von einstigen Widersachern, mit Ausnahme der Rechten, die sie mit kurz treffsicheren Bemerkungen blamiert hat.

Günter de Bruyn lässt in seinem Roman „Der neunzigste Geburtstag" über die Vorbereitungen zum Fest für die ehemalige Wortführerin der parlamentarischen Opposition, verbunden mit einen Spendenflüchtlingsaktion, Frau Merkel erscheinen. Sie spielt eine Pastorin.

In der Fortsetzung des Romans „Der Hundertjährigen, der aus dem Fenster sprang" wechselt Jonas Jonasson aus der Vergangenheit in die Gegenwart eines jetzt Einhunderteinjährigen, der zurückkam, die Welt zu retten. Zu den Akteuren in einer turbulenten Folge von Politprominenz gebührt Angela Merkel ein besonderer Platz. An sie richtet der Autor eine Liebeserklärung.

In einem Fernsehinterview gestand Jonasson, als besessener Geflügelzüchter, seinen Lieblingshahn mit ihren Namen gerufen zu haben. Auch wenn er mit bestem Korn verwöhnt wurde, war ihm kein langes Dasein beschieden. Der Hahn ist tot.

Kurios der Auftritt einer Angela auch als die Namensgeberin in einem Zirkus. Der Hauptdarsteller- oder die Hauptdarstellerin als Conferencier ist Angela O. – im Zirkus Angela des Kabaretts „Die Distel", einem Ensemble, das mit seinen Spitzfindigkeiten und hinterfotzigem Humor die DDR-Genossen trefflich übertölpelt hat. Dort lassen sich jetzt „Die Schicksalsjahre einer Kanzlerin" erleben. Das Drehbuch dafür lässt sich ständig nach politischer Wetterlage vervollständigen.

Angela O. war und ist seit Jahren beliebte Zielscheibe für die Spitzen von Kabarettisten in Radio und Fernsehen von „Extra drei" bis zur „Heute Show". Keinem mangelt es bei der Popularität dieser Frau an Stoff. Jede Äußerung ist so auch Beweis für ihre unveränderte Beliebtheit.
Angela O. beschließt einem ihrer ältesten Fans für seine Verehrung zu danken. Wie sehr hatte sich Martin Walser eine Erwiderung gewünscht.

Im November 2015 war von ihm in einem Artikel der Frankfurter Allgemeinen Sonntagszeitung erklärt worden: „Als ich neulich in Berlin in einem Menschen vollen Saal sagte: Angela Merkel ist schön, da lachten die Leute." Darauf hatte er weiter beharrt und sich vor kurzem erst im Spiegel „als sich verführt von ihr" geoutet und „die stille Wucht ihrer Schönheit" gerühmt. Dazu ihre treffliche Art der Formulierungskunst.

„Frau Merkel muss zu 100 Themen sagen, was sie denkt. Und sie sagt es immer so, dass man miterlebt, wie die Gedanken in ihr entstehen und dann

gesagt werden. Nie sind ihre Sätze fertig, bevor sie gesagt werden.“
Die Liebeserklärung eines einundneunzigjährigen Schriftstellers an eine dreißig Jahr jüngere Frau.

Nachtrag

Zentrale Figur dieser fiktionalen Erzählung ist eine Regierungschefin, die in ihrer Bedeutung bewusst Ähnlichkeit mit der derzeit amtierenden Bundeskanzlerin hat. Deshalb sind im Text Zitate aus ihrem Leben enthalten.

Dazu gibt es folgende Literatur-Hinweise:
*   Dirk Müller: Angela Merkel – Kurze Biografie eines langen Aufstiegs.
*   Julia Schramm: Fifty Shades of Merkel.
*   Ralf Georg Reuth/Günther Lachmann: Das erste Leben der Angela M.
*   Stefan Kornelius: Angela Merkel: Die Kanzlerin und ihre Welt.
*   Andreas Rinke: Das Merkel Lexikon
*   Zitiert wird auch aus Spiegel online und Focus online.
*   Ein Interview mit „Bunte" ist frei gestaltet. Die Antworten in diesem fiktiven Gespräch sind belegt, willkürlich eingesetzt.

Die Äußerungen des Dienstpersonals im Haus am See und von den beiden Protagonisten Güldenstern und Rosenkranz sind zum großen Teil Original-Aussagen von Einwohnern der Uckermark zwischen Gerswalde und Templin auch in Ton-Interviews für Radio-Beiträge aufgezeichnet.

Dieter Bub, Foto: Axel Lambrette

STATIONEN EINER DEUTSCH-DEUTSCHEN BIOGRAFIE - Dieter Bub:

- Geboren in Neuwarp.
- Kindheit und Jugend in Halle an der Saale.
- Erste Reportagen für die „Freiheit".
- Nach dem Abitur Flucht in den Westen.
- Journalistische Stationen: Schwabach, Limburg, Hannover.
- NDR-Hörfunk, Hannover, Westberlin, Hamburg. Zentrale Themen: Die Innerdeutsche Grenze und die Beziehungen zwischen beiden deutschen Staaten.
- Reportagereisen in die DDR.
- Chefreporter Ostsee-Report NDR-Fernsehen
- 1979 bis 1983 Korrespondent des „Stern" in Ostberlin für DDR und Osteuropa.
- Ausweisung aus der DDR.
- 1990 Vierteilige Dokumentation für den NDR zur Geschichte der DDR.
- Beiträge zu den Beziehungen zwischen den alten und den neuen Bundesländern für Fernsehen und Rundfunk (NDR, MDR, Deutschlandfunk Kultur und Deutschlandfunk).
- Lebt seit fünf Jahren in der Uckermark.
- Buchveröffentlichungen unter anderem:
  Begegnungen mit Joachim Gauck, Mitteldeutscher Verlag (ISBN 978-3-89812-923-7);
  Unsere Sehnsucht nach Freiheit – Fluchtgeschichten aus der DDR, Mitteldeutscher Verlag (ISBN 978-395462-238- 2).